축구왕과 세종대왕

축구왕과 세종대왕

2015년 2월 3일 초판 1쇄 인쇄
2015년 2월 13일 초판 1쇄 발행

글 박승현 / 그림 투리아트
펴낸이 이철규 / 펴낸곳 북스
편집 이은주 / 편집디자인 이지훈

편집부 02-336-7634 / 영업부 02-336-7613 / FAX 02-336-7614
전자우편 vooxs2004@naver.com / 등록번호 제 313-2004-00245호 / 등록일자 2004년 10월 18일

주소 서울특별시 광진구 동일로 4길 32 2층
값 9,800원
ISBN 978-89-6519-073-8 74810
　　　978-89-6519-060-8 (세트)

잘못된 서적은 구입하신 서점에서 교환하여 드립니다.
이 책은 저작권법에 의해 보호를 받는 저작물이므로 불법 복제와
스캔 등 무단 전재 및 유포·공유를 금합니다.

이 도서의 국립중앙도서관 출판시도서목록(CIP)은 서지정보유통지원시스템 홈페이지(http://seoji.nl.go.kr)와
국가자료공동목록시스템(http://www.nl.go.kr/kolisnet)에서 이용하실 수 있습니다.
(CIP제어번호 : CIP2014036332)

축구왕과 세종대왕

글 박승현 그림 투리아트

차례

프롤로그… 8

공부를 잘해야 축구도 잘한다… 12

세종, 조선의 학문을 꽃피우다… 31

축구는 과학이다… 51

세종, 조선의 과학을 발전시키다… 67

공격이 최선의 방어다… 97

세종, 4군과 6진을 개척하다… 121

창조적인 플레이를 펼쳐라… 141

세종, 한글을 창제하다… 157

내일은 국가대표… 185

축구의 역사… 202

나라와 백성만을 생각한 위대한 성군, 세종대왕… 205

역사 속 가장 위대한 임금의 일생… 209

세종의 업적… 217

프롤로그

초봄을 맞은 빛나리초등학교 운동장은 텅 비어 있었다. 방과 후면 드리블이나 슛 연습을 하는 축구부원들로 떠들썩했지만 오늘은 코빼기도 보이지 않았다. 연이은 패배와 감독님의 갑작스런 사임은 부원들의 의욕을 꺾어놓은 것 같았다.

선재는 스탠드에 앉아 아직은 차가운 오후의 햇살이 비추는 휑한 운동장을 지켜보고 있었다. 바람 한 줄기가 불어오자 운동장 한복판에서 모래먼지가 흩날렸다.

"후우~ 축구부 꼬락서니 하고는!"

선재는 저도 모르게 한숨을 푹 쉬었다. 올해로 5학년이 된 선재는 지난 몇 년간 각종 대회에서 최하위를 면치 못하고 있는 빛나리초등학교 축구부 주장이다. 미래의 국가대표를 꿈꾸는 선재로선 브라질에서 월드컵이 열리는 올해만큼은 어떻게든 좋은 성적을 올리고 싶은 마음이 굴뚝같았다. 그러나 2주일 전에 열린 춘계대회 지역예선 1라운드에서 보기 좋게 탈락하고 말았고, 결국 축구팀에 별 열의가 없었던 감독님이 그만두고 새로운 감독님이 오게 되었다. 선재가 연달이 한숨을 내쉬는 이유도 바로 그 새로운 감독님 때문이었다.

"쳇, 하필이면 아빠가 새 감독이 될 건 뭐람?"

선재가 괜스레 파란 하늘을 향해 눈을 흘겼다. 아빠가 감독으로 오면 기뻐할 만도 하건만 선재가 툴툴거리는 이유는 대체 무엇일까? 그것은 아빠의 독특한 축구 철학과 관련이 있었다. 선재의 아빠는 짧은 기간이지만 국가대표 선수였고, 얼마 전까진 지방의 유명 고등학교 축구부 감독으로 재직했었다. 그런데 아빠는 유소년 축구선수는 반드시

'운동과 학업을 병행해야 한다!' 라는 강한 믿음을 가지고 있었다. 이런 철학을 밀어붙이다가 감독을 맡고 있던 고등학교에도 사표를 낼 수밖에 없었다.

"선수들을 좋은 대학에 보내야 하는 학교나 학부형들은 당장의 시합 성적이 중요한데, 거기에 대고 학업이 중요하다 운운했으니……."

사실 아빠가 그 똥고집 때문에 쫓겨난 게 한두 번이 아니었다. 불쑥 화가 치민 선재가 발아래 두고 있던 축구공을 들고 일어섰다.

뻐엉!

선재가 힘껏 걷어찬 공이 길게 포물선을 그리며 새파란 하늘로 날아올랐다. 물론 아빠에게도 나름 사정이 있었다. 언젠가 선재를 앞혀놓고 아빠는 말했던 것이다.

"아빠는 대학 시절 공부는 하지 않고 오직 축구에만 매달렸다. 너무 무리하다가 그만 무릎 부상을 당하고 말았지. 하필이면 그때 국가대표팀으로 뽑혔고, 아빠는 오랫동안 꿈꿔왔던 기회를 놓치고 싶지 않아서 부상을 숨긴 채 경기에 나섰단다. 결국 부상이 악화되어 국가대표의 꿈을 영영 접어야만 했어. 아빠는 지금도 가끔 그런 생각을 한단다. 평소 축구뿐만 아니라 학업도 열심히 했더라면 좀 더 현명한 판단을 내릴 수 있었을 것이고, 그럼 선수로서의 생명이 끝나는 일도 없었을 거라고 말이야. 그래서 선재 같은 축구 꿈나무들은 반드시 축구와 학업을 병행해 현명한 선수가 되기를 바라는 거란다."

어느새 노을빛이 잔잔하게 깔리기 시작하는 운동장을 쏘아보며 선재가 중얼거렸다.

"쳇, 그래봤자 경기에서 이기지 못하면 운동장이 텅 비어 버리게 된단 말이야."

공부를 잘해야 축구도 잘한다

 다음 날 아침 일찍, 빛나리초등학교 축구부원 스물두 명이 운동장에 모였다. 주장인 선재를 비롯해 부원들의 얼굴에는 긴장감이 흘렀다. 오늘이 바로 새로운 감독님이 오는 날이기 때문이다. 모두들 뚫어져라 교문을 주시했지만 감독님처럼 생긴 사람은 보이지 않았다. 이미 선재의 아빠가 신임 감독이란 사실을 알고 있는 찬영이와 현수가 의아한 듯 돌아보았다.

"선재야, 어떻게 된 거야?"

"너희 아빠, 오늘 오신다고 하지 않았어?"

각각 레프트미드필더와 라이트미드필더로서 센터포워드인 선재와 함께 공격진을 이끌고 있는 찬영이와 현수의 물음에 선재가 입술을 지그시 깨물었다.

'설마 또 늦잠을 잔 거야? 첫날부터 지각하면 안 된다고 그렇게 말했건만.'

"여어, 너희들 벌써 모여 있었구나?"

등 뒤에서 우렁찬 목소리가 들려온 것은 그때였다. 선재와 부원들이 깜짝 놀라 돌아섰다.

"오, 맙소사……!"

순간 선재의 입에서 신음이 새어나왔다. 선재의 눈앞에 아직 잠이 덜 깬 듯 하품을 쩍쩍하는 아빠가 서 있었다. 아마도 너무 일찍 도착하는 바람에 어딘가에서 부족한 잠이라도 때우고 있었던 모양이다. 문제는 아빠가 도저히 첫인사를 하러 온 감독이라곤 할 수 없는 차림새라는 것이다. 까치집 같은 머리에 수염이 까칠한 아빠는 트레이닝 점퍼에 헤진 운동화를 신고 있었다. 이건 감독이 아니라 꼭 노숙자처럼 보였다.

"저분이 감독님이셔?"

"선재의 아빠라고 하던데."

"그런데 어째 좀 꾀죄죄해 보인다?"

부원들의 수군거리는 소리를 참고 있던 선재가 버럭 고함쳤다.

"빛나리초등학교 축구부 전체 차렷!"

"!"

부원들은 물론 아빠도 깜짝 놀랐지만 선재는 개의치 않고 다시 목청을 높였다.

"신임 감독님께 대하여 경례!"

부원들이 고개를 숙여 인사하자 아빠도 헛기침을 하며 답례했다.

"흠흠…… 빛나리초등학교 축구부 감독을 맡게 된 민성준이다. 앞으로 잘 부탁한다."

"잘 부탁합니다!"

"그리고 선재야."

"예, 감독님."

"호호…… 네가 아빠를 감독님이라고 부르니까 굉장히 어색하구나, 응?"

선재가 부욱 인상을 구겼다.

'아빠도 참, 공과 사는 확실히 구분해 달라고요!'

선재의 마음을 알아차렸는지 아빠가 정색을 했다.

"주장, 축구부의 일일 훈련 스케줄이 어떻게 되지?"

"보통은 수업이 끝난 후 집합해서 오후 5시까지 훈련을 합니다. 하지만 시합 일정이 잡히면 오전에도 수업을 빼고 2~3시간씩 훈련해왔습니다."

아빠가 단호한 목소리로 말했다.

"앞으로 수업시간에 하는 훈련은 일체 없을 거다."

부원들이 당황스런 얼굴로 숙덕였다.

"수업을 빼지 않는다고?"

"가뜩이나 축구부 성적도 나쁜데 괜찮을까?"

"이전의 감독님은 수업을 한 시간이라도 더 빼려고 하셨는데."

아빠가 부원들의 얼굴을 똑바로 쳐다보며 목소리에 힘을 실었다

"내가 감독으로 있는 한, 수업은 단 한 시간도 빼먹어선 안 된다. 또한 반 석차가 꼴등에서 다섯 손가락 안에 드는

녀석들은 성적이 향상될 때까지 축구부 훈련에 참여시키지 않겠다."

"예에? 공부를 못하면 축구도 못 한다고요?"

"에이, 그런 법이 어디 있어요?"

선재가 참지 못하고 팔을 번쩍 들었다.

"감독님!"

"오, 주장. 하고 싶은 말이 있으면 해봐라."

"저희는 지난 일 년 동안 모든 대회에서 형편없는 성적을 거뒀습니다. 올해에도 성적을 내지 못하면 저희 5학년들은 원하는 축구부가 있는 중학교에 진학할 수 없습니다. 그런데 수업에 빠지지 말고 반 석차도 올리라는 것은 너무 무리한 말씀인 것 같습니다."

"흐음……"

아빠가 신음을 흘리며 선재의 눈을 보았다. 어째서 운동과 학업을 병행해야 하는지 여러 번 설명했는데, 이렇게 반항적으로 나오는 선재에게 섭섭함을 느끼는 것 같았다.

"학생의 본분은 공부다. 자신이 해야 할 최소한의 일도

하지 않는 사람이 축구를 잘하리라고 생각하지 않는다."

"하지만……."

"또한 체력만으로 축구를 하는 시대는 지나갔다. 현대의 축구 전술은 점점 복잡해지고 있고, 머리가 나쁜 선수는 전술적 이해도가 떨어져서 결코 좋은 선수가 될 수 없지. 그래서 나는 공부를 잘하는 학생이 축구도 잘한다는 확고한 믿음을 가지고 있다."

아빠가 아직도 수긍하지 못하는 선재의 얼굴에 시선을 고정시킨 채 말을 이었다.

"너희들 중에는 끝까지 축구를 하는 친구도 있겠지만 도중에 운동을 그만두고 진로를 바꾸는 친구도 생겨날 거다. 그때 학업은 제쳐놓고 오직 축구에만 매달렸던 친구들은 어떻게 될까? 후회하는 마음이 들지 않을까?"

"……."

"너희들은 아직 어리기 때문에 꿈은 언제든 바뀔 수 있다. 그러니까 학교 공부도 열심히 하도록 해라. 내 말 무슨 뜻인지 알겠지?"

"예에……."

부원들이 떨떠름한 표정으로 대답했다. 선재는 저도 모르게 고개를 설레설레 흔들었다.

'가뜩이나 패배의식에 젖어 있는 애들한테 아빠는 대체 무슨 생각으로 저러는 건지, 원!'

"후우~ 수업을 듣는 게 훈련보다 배는 힘든 거 같아."

아빠의 지시대로 모든 수업에 참석했던 선재가 어깨를 축 늘어뜨린 채 복도를 걸어 나왔다.

"어이~ 프렌드!"

이때 누군가 선재의 등을 찰싹 때렸다. 생긋 웃는 얼굴의 세영이를 발견하고 선재가 움찔했다. 세영이는 유치원 때부터 단짝친구로 지내온 사이다. 그런데 어느 순간부터 선재는 세영이를 슬금슬금 피하기 시작했다. 이상하게도 세영이만 만나면 가슴이 두근거리고 볼이 화끈거렸기 때문이다.

이번에도 선재는 세영이의 얼굴을 외면하며 걸음을 재촉

했다.

"왜 남의 등을 치고 그래?"

"어이쿠, 많이 아팠어요? 우쭈쭈~"

세영이 선재의 엉덩이를 토닥였다.

"야!"

"깜짝이야."

선재가 손가락으로 세영이의 가슴을 쿡쿡 찌르며 쏘아붙였다.

"무슨 여자애가 부끄러운 줄도 모르고 말이야! 응? 응?"

"너어…… 지금 어딜 만지는 거니?"

"……?"

선재가 멍한 눈으로 세영이의 가슴이 박혀 있는 자신의 손가락을 내려다보았다.

"으악!"

"깔깔깔!"

선재가 펄쩍 물러서자 세영이는 웃음을 터뜨렸다. 얼굴이 시뻘게진 선재가 도망치듯 복도를 달려 나갔다. 세영이 한사코 따라붙으며 물었다.

"왜 하루 종일 오만상을 찌푸리고 있는 거야?"

"너, 넌 몰라도 돼."

"말 안 하면 네가 내 가슴을 찔렀다고 소문내버린다."

세영이의 협박에 선재가 우뚝 멈춰 섰다. 그리고 아빠로 인해 생긴 고민에 대해 털어놓았다.

"흐음, 나는 아저씨 말씀에 일리가 있다고 보는데."

선재와 나란히 현관을 빠져나오며 세영이 말했다.

"아빠 말대로 했다간 전국 유소년축구대회에서도 예선 탈락할 게 뻔해."

"나도 알아주는 축구 마니아야. 영국 프리미어리그와 스페인 프리메라리가를 줄줄 꿰고 있는 사람이 바로 나라고."

"그건 알지만……."

"요즘은 유소년들에게 축구와 학업을 병행시키는 게 세계적인 추세라고 들었어. 아저씨의 말씀처럼 현명하지 못하면 일류 선수가 될 수 없다는 뜻이야."

"역시 세영이는 아저씨의 마음을 알아주는구나."

뒤쪽에서 굵직한 목소리가 들리자 선재와 세영이 동시에 걸음을 멈추었다. 돌아서는 두 사람을 향해 아빠가 싱글벙글 웃으며 다가왔다.

"안녕하셨어요, 아저씨?"

"어이구, 우리 세영이 인사성도 밝지."

세영이의 머리를 쓰다듬던 아빠가 힐끗 선재를 보았다.

"우리 선재가 세영이 절반만큼이라도 아빠를 이해해주면 좋으련만."

"쳇!"

선재가 입술을 비쭉이 내밀었다.

"쯔쯧!"

그런 선재를 보며 혀를 차던 아빠가 문득 세영이에게 제안했다.

"세영아, 너 우리 축구부 주무를 맡아보지 않을래?"

"축구부 주무요?"

"그래. 감독인 아저씨를 도와 여러 가지 자료를 수집하고, 선수들의 훈련도 돕는 역할이야. 교장선생님께 말씀드

려서 자원봉사 점수도 따도록 해줄게."

"흐음……."

턱을 매만지며 고민하는 세영이 옆에서 선재가 펄쩍 뛰었다.

"축구부에 여자애가 있으면 불편하단 말이에요!"

세영이 씨익 웃었다.

"네가 말리니까 왠지 꼭 하고 싶어지는데."

"그럼 하는 거니?"

"예, 하겠어요."

"잘 생각했다. 앞으로 잘해보자."

손뼉을 짝, 마주치는 아빠와 세영이를 보며 선재가 땅이 꺼져라 한숨을 내쉬었다.

오후 늦게야 훈련이 시작되었다. 패스와 슈팅 위주로 연습했는데 시간은 그리 길지 않았다. 세영이와 나란히 서서 부원들이 훈련하는 모습을 지켜보던 아빠가 팔을 번쩍 쳐들었다.

"이쪽으로 집합!"

일렬로 늘어서서 숨을 헐떡이는 선재와 부원들을 향해 아빠가 말했다.

"오늘은 그만하고 집으로 돌아가라."

"예에, 벌써 가라고요?"

황당한 표정을 짓는 선재를 향해 아빠가 싱긋 웃었다.

"사흘 후에 시험이 있다지? 그게 끝날 때까진 하루 한 시간씩만 훈련하겠다."

"말도 안 돼요. 이런 식으로 훈련하다간 어느 팀도 이길 수 없다고요."

"주장!"

"예?"

선재의 얼굴을 똑바로 쳐다보며 아빠가 낮게 깔리는 소리로 물었다.

"설마 감독의 지시에 불응하겠다는 거냐?"

"그, 그런 게 아니라……."

"그런 게 아니면 모두 돌아가도록. 이상!"

"후우우~"

선재가 어깨를 축 늘어뜨린 채 돌아섰다. 찬영이와 현수가 다가와 어깨를 두드려주었다. 운동장을 터벅터벅 걸어 멀어지는 선재의 뒷모습을 아빠는 걱정스럽게 바라보았다.

"세영아."

"예, 감독님."

"부원들이 연습하는 모습 전부 기록해두었지?"

세영이 스마트폰을 들어 올리며 싱긋 웃었다.

"부원들 하나하나 사진을 찍어두었고, 그 밑에 장단점도 기록했어요."

"역시 내가 주무 하나는 제대로 뽑았군."

"헤헤!"

"우리 선재 왔구나!"

아파트 현관문을 열고 들어서자 주방에서 저녁 식사를 준비하던 엄마가 반갑게 맞아주었다. 선재가 뚱한 얼굴로 거실로 올라서자 엄마가 고개를 갸웃했다.

"선재야, 왜 그러니? 학교에서 무슨 언짢은 일이라도 있었니?"

 선재가 원망스런 눈빛으로 소파에 앉아 태연히 책을 읽고 있는 아빠를 쳐다보았다.

 "그건 아빠한테 물어보세요."

 "아빠가 뭘 어쨌기에?"

 그제야 아빠가 읽고 있던 책에서 눈을 떼고 선재를 보았다.

 "선재야, 잠깐 이리 와볼래?"

 선재가 불만 가득한 얼굴로 다가갔다.

 "선재는 학업과 훈련을 병행하라는 아빠의 지시가 마음에 들지 않는 모양이지?"

 "……."

 선재는 대답하지 않고 아빠의 얼굴을 빤히 쳐다보았다. 엄마가 그런 선재를 꾸짖었다.

 "선재야, 아빠가 물으시는데 대답을 해야지?"

 "아아, 괜찮아."

 아빠가 손을 뻗어 엄마를 말렸다. 그리고 선재에게 읽고 있던 책을 내밀었다.

"선재야, 이 책을 한 번 읽어보렴."

선재가 얼결에 책을 받았다. 책 표지에는 '위대한 왕 세종'이라는 제목이 선명했다. 선재가 미간을 찌푸리며 표지를 들여다보았다.

"갑자기 웬 책이에요?"

"세종대왕은 우리 역사상 가장 위대한 왕이란다. 대왕의 삶과 업적은 아빠가 생각하는 축구와 여러 가지로 닮아 있어. 그러니까 이 책을 꼼꼼히 읽어보도록 해라. 국가대표를 꿈꾸는 우리 아들한테 분명 도움이 될 거야."

"예에……."

선재가 아빠에게 원하는 것은 이런 책이 아니라 축구를 잘할 수 있는 비법이었다.

그날 밤 늦게까지 선재는 친구인 찬영, 현수와 카톡으로 대화를 했다. 주로 축구부를 걱정하는 내용이었다. 찬영이와 현수는 신임 감독이 선재의 아빠인지라 조심하는 눈치였지만 내심 불만이 많은 것 같았다. 왜 아니겠는가? 두 친구도 올해에는 어떻게든 좋은 성적을 거둬서 원하는 중학교로 진학하고 싶을 텐데. 미안한 감정을 느끼며 선재는 마지막 메시지를 남겼다.

-너무 걱정하지 마. 시험이 끝나면 아빠도 본격적으로 훈련을 시작하겠지. 잘들 자고 내일 학교에서 보자.-

핸드폰을 던져놓고 선재는 침대에 벌러덩 드러누웠다. 순간 선재의 등에 무언가 배겼다. 손을 넣어 꺼내보니 아까 아빠에게 건네받은 책이었다. 두 손으로 책을 들고 제목을 유심히 들여다보던 선재가 천천히 표지를 넘겼다. 따분한 얼굴로 책장을 몇 장 넘기던 선재의 표정이 변했다. 책 내용이 의외로 재미있었기 때문이다.

1422년 부왕인 태종이 세상을 떠나자 세종은 재위 4년 만에 비로소 전권을 행사하기 시작했다. 원래 학문을 끔찍

이도 좋아해 모든 경서를 최소한 백 번씩 읽었다는 세종은 학문이 융성해야 나라를 바로 세울 수 있다는 신념에 따라 역사, 지리, 법률 등 서책을 정리하고 간행했다. 세종 대에 이르러 인쇄 속도가 열 배 가까이 빨라지는 등 조선의 학문은 크게 발전했고 이것은 세종이 나라의 기초를 닦고 발전의 토대를 마련하는 데 큰 힘이 되어주었다.

"흐음…… 그래서 아빠가 이 책을 읽어보라고 한 거였군."

비로소 아빠의 의도를 알아차린 선재가 피식 웃었다. 그렇다고 아빠를 이해하게 되었다는 뜻은 아니다. 나라를 다스리는 것과 축구는 엄연히 다르지 않은가. 책을 몇 장 더 읽던 선재는 어느새 눈꺼풀이 무거워지는 것을 느꼈다.

투욱!

선재의 눈이 스르륵 감기며 책이 침대 위로 떨어졌다. 책장은 아직 세종이 학문을 연구하며 나라의 기틀을 닦는 부분이 펼쳐져 있었다.

세종, 조선의 학문을 꽃피우다

"전하, 이제 그만 쉬셔야 합니다."
"이렇게 서책만 보시다가 옥체 상하실까 염려되옵니다."
 늦은 봄밤, 조선의 대궐인 경복궁 내에 위치한 학문 연구 기관 집현전 안에서 신하들의 애타는 목소리가 새어나왔다. 호롱불이 밝혀진 집현전 한복판에 서서 고개를 숙이고 있는 사람은 청색 공복에 사모를 쓴 집현전 학사 정인지, 성삼문, 신숙주였다. 이들 젊은 관원들이야말로 임금의 총애를 한 몸에 받는, 집현전에서 가장 유능한 학사들이었다. 젊은 학사들이 걱정스런 눈길로 응시하는 곳에 젊은 왕 세종이 서탁에 앉아 책을 읽고 있었다. 너무 몰두한 나머지 세종의 귀에는 학사들의 목소리조차 들리지도 않는 듯했다.

"전하, 벌써 사흘째 집현전에서 밤을 지새우고 계십니다."

"연구는 소신들에게 맡기시고 그만 강녕전으로 드시옵소서."

세종이 서책에서 눈길을 거두지 않은 채 피곤한 목소리로 대답했다.

"조부이신 태조께서 나라를 세우시고, 부왕이신 태종께서 나라의 기틀을 잡으셨으나 조선은 아직 나라의 제도가 바로 서지 못했소. 나라의 제도가 바로 서야 비로소 백성들이 편안하게 살 수 있는 법이오. 경들은 나라의 제도를 바로 세우려면 어찌해야 한다고 생각하는가?"

당황스런 눈으로 서로의 얼굴을 보던 성삼문, 정인지, 신숙주가 차례로 고개를 숙였다.

"좋은 제도를 만들기 위해선 학문부터 연구해야 합니다."

"그중에서도 과거 왕조와 성현의 지혜가 담긴 사서와 경전을 정리해야 합니다."

"정리한 내용들을 우리 조선의 실정에 맞게 고쳐서 알맞은 제도를 세우면 됩니다."

세종이 비로소 고개를 들며 뿌듯하게 미소 지었다.

"과연 과인이 믿고 있는 학사들답다. 맞다, 우리는 옛 경전과 사서를 정리해서 우리에게 맞는 새로운 제도를 만들어내야 한다. 과인은 특히 우리 조선에는 역대 왕조의 좋은 제도와 나쁜 제도를 한 번에 알아볼 수 있는 역사서가 부족하다고 생각한다. 그래서 북송시대 사마광이 편찬한 역사서 '자치통감'을 연구해 조선의 선비들이라면 누구라도 볼 수 있도록 '자치통감훈의'를 만들고자 하는 것이다. 그러니 더 이상 말리지 말라."

"하오나 자치통감은 그 양이 너무 방대하옵니다."

"시간을 갖고 천천히 하옵소서."

콰앙!

"시간이 많지 않다고 하지 않았는가!"

세종이 주먹으로 서탁을 내리치자 학사들이 움찔했다.

"나라의 제도가 잡히지 않으면 그 피해는 고스란히 백성들에게 돌아간다. 지금 이 순간에도 잘못된 제도 때문에 고통 받을 백성들을 생각하면 과인은 잠을 이룰 수가 없구나."

세종의 눈가에 눈물이 고이자 학사들도 더 이상 말리지 못했다. 대신 임금의 수고를 덜어드려야겠다는 생각에 학사들도 기다란 서탁에 자리를 잡고 앉았다.

"그렇다면 소신들도 퇴청하지 않고 밤을 새우겠나이다."
"전하께서 보고 계시는 주기 다섯 권은 소신에게 주옵소서."
"허면 소신은 여기 있는 진기 세 권을 정리하겠나이다."
세종이 학사들을 향해 짐짓 엄한 표정을 지어 보였다.
"어허, 경들이야말로 지난 열흘간 퇴청 한 번 못 하지 않았는가. 이것은 왕명이니 어서 퇴청하여 고단한 심신을 쉬도록 하라."
"송구하오나 옥에 갇히는 한이 있더라도 명을 받들 수가 없나이다."
"허어, 이런 고집불통들을 보았나?"
고집불통 임금이 자신을 빼닮아 고집불통인 학사들을 쳐다보며 빙그레 미소 지었다. 그날 새벽이 밝을 때까지 집현전에선 불이 꺼지지 않았다.

세종은 각고의 노력 끝에 '자치통감훈의'를 편찬했다. 이 주해본은 중국에서 간행된 것보다 완성도가 더 높다는 평을 들었다. 주해본에 등장하는 중국 역대 왕조의 여러 좋은 제도와 나쁜 제도를 두루 살펴서 조선에 합당한 제도를 만들어낼 수 있었다. 하지만 세종의 이러한 노력이 모든 신하들로부터 찬성 받은 것은 아니었다. 세종이 지나치게 서책과 집현전 학사들만 가까이하고 현실정치를 외면한다는 반대 의견도 많았다.

어느 날 영의정 황희와 좌의정 맹사성, 우의정 허조가 편전인 사정전에 엎드려 고했다.

"전하, 학문에만 몰두하시면 아니 되옵니다."

"자칫 현실정치에 소홀하실까 걱정이옵니다."

"정인지, 성삼문, 신숙주 등 집현전 학사들만 편애하신다는 불만에도 귀를 기울여주소서."

마음에 들지 않더라도 신하들의 말을 늘 경청하는 세종

세종, 조선의 학문을 꽃피우다 35

이 신중하게 대답했다.

"경들이 걱정하는 바가 무언지 알고 있소. 하지만 학문을 연구하는 것과 현실정치는 절대로 별개가 아니오. 먼저 뼈대인 제도가 바로 서야 현실정치도 제대로 할 수 있지 않겠소?"

"전하, 이상은 좋은 것이나 너무 이상만 좇다보면 현실에 어긋나는 법이옵니다."

"전하, 부디 집현전 학사들뿐만 아니라 다른 신료들의 간언도 들어주시옵소서."

"흐음……."

심각한 얼굴로 신음을 흘리던 세종이 고개를 끄덕였다.

"경들의 말을 깊이 생각해보리다."

"성은이 망극하옵니다, 전하."

삼정승이 물러가고 세종은 깊은 고민에 빠졌다. 학문을 통해 나라의 제도부터 세우겠다는 자신의 생각이 옳다고 믿었지만 신하들의 말을 마냥 무시할 수만은 없었다.

'정말 현실정치를 도외시한 걸까? 너무 집현전 학사들과 학문에만 몰두했던 것일까?'

세종이 답답한 마음에 내관을 불렀다.

"여봐라, 밖에 내시부사 있느냐?"

세종을 곁에서 모시는 내시부사가 들어와 허리를 조아렸다.

"전하, 찾아 계시옵니까?"

"내시부사, 밀행을 나가야겠다."

"!"

내시부사의 얼굴이 긴장으로 굳어졌다. 임금이 대궐 밖으로 나간다는 것은 늘 위험이 따르는 일이었다.

"전하, 정 그러시면 금군을 데리고 가십시오."

"금군을 데려가면 그게 어찌 밀행이겠느냐?"

"하지만 전하!"

"해지기 전에 돌아오려면 서두르자."

용상을 박차고 일어서는 세종을 내시부사가 난감한 듯 쳐다보았다.

곤룡포 대신 도포를 입고 머리에는 흑립을 눌러쓴 세종과 내시부사가 은밀히 궐을 빠져나왔다. 세종과 내시부사는 이조, 호조, 예조, 병조, 형조, 공조가 배치되어 있는 육조거리를 지나 백성들로 북적이는 운종가로 접어들었다. 백성들 사이에 섞여 유람이라도 하듯 천천히 걸음을 옮기는 세종을 따라붙으며 내시부사가 물었다.

"전하, 대체 어디까지 가시렵니까?"

"어허, 전하라니?"

세종이 눈을 부라리자 내시부사가 찔끔했다.

"죄송합니다, 이 생원님. 그런데 정말 어디까지 가실 작정이십니까?"

"오늘은 시전을 두루 둘러볼 생각이네."

"예에? 시전까지 가신다고요?"

한양 중심부에 위치한 시전은 복잡하기로 유명했다. 상인들뿐 아니라 왈짜패도 많은 그곳에서 임금이 행여 봉변이라도 당할까 내시부사는 전전긍긍했다. 그의 마음을 아는지 모르는지 세종은 싱글벙글 웃고 있었다.

"명나라에서 들여온 최고급 비단이 있습니다!"

"자, 명주가 있어요! 조선팔도에서 가장 질 좋은 명주!"

"꼴뚜기! 강화포구에서 갓 잡아 올린 싱싱한 꼴뚜기!"

활기 넘치는 백성들의 모습을 흐뭇하게 지켜보며 세종은 시전을 거닐었다. 왁자하게 다투는 소리가 들려온 것은 그때였다.

"이 사기꾼, 나를 속였겠다!"

"너야말로 나를 속였잖아, 사기꾼 놈아!"

세종이 소리 나는 방향을 쳐다보았다.

"이게 무슨 소리인가?"

장사치 두 명이 서로의 멱살을 틀어잡은 채 엉겨 붙은 상태였다. 그들 앞에는 말, 되, 홉을 나타내는 개량통이 한 쌍씩 놓여 있었다.

"네놈이 개량통을 속였잖느냐?"

"내가 아니라 네놈이 속였잖아?"

두 장사치를 빙 에워싼 백성들이 끌끌 혀를 찼다.

"쯔쯧~ 또 개량통 때문에 사달이 났군."

"개량통 때문에 바람 잘 날이 없다니까."

"나라님은 개량통 하나 제대로 만들지 못하고 뭘하고 계시는 건지, 원."

세종의 표정이 우울하게 변했다. 내시부사가 세종의 안색을 살피며 속삭였다.

"그만 가시지요. 너무 오래 나와 계셨습니다."

세종이 내시부사의 말을 무시하고 두 장사치를 향해 다가갔다.

"그만들 하고 대체 왜 이러는지 차근히 얘기해보게."

장사치들이 코웃음을 쳤다.

"어린 녀석이 어딜 함부로 나서?"

"주제에 양반이라고 잘난 체를 하려는 것이냐?"

내시부사가 부들부들 떨리는 손가락으로 장사치들을 겨누었다.

"이, 이분이 뉘신 줄 알고 감히!"

"왜, 이 청년이 임금님이라도 되시는가?"

"오냐, 너 말 한번…… 읍!"

세종이 내시부사의 입을 틀어막으며 억지로 웃었다.

"그러지 말고 얘기해보시게. 혹시 아는가? 내가 해결책을 찾아줄지."

잠시 고민하던 장사치들이 멱살을 놓고 떨어졌다.

"우리는 미전에서 쌀을 팔고 있는 미곡상들이오. 나는 얼마 전에 여기 있는 이 작자에게 쌀 한 말을 샀소. 그런데 나중에 내 개량통으로 다시 측정해보니, 쌀이 여덟 되 반 밖에 되지 않았소. 결국 이 사기꾼이 쌀을 한 되 반이나 속여 판 거요."

"감히 누구한테 사기꾼이라는 거야, 이놈아?"

흥분하여 덤벼들려는 다른 장사치를 세종이 억지로 말렸다.

"일단 진정하고 어떻게 된 영문인지 설명해보시오."

"저 작자의 말을 듣고 나도 개량통을 가져다 다시 재어봤소. 그런데 내 개량통으로 쟀을 때는 정확히 열 되가 나왔소. 저 작자가 엉터리 개량통을 가져다 나를 속이려는 거였소."

"뭐가 어쩌고 어째, 이놈아?"

"오냐! 한번 해보자, 사기꾼아!"

장사치들이 다시 멱살을 붙잡고 늘어졌다. 그들을 억지로 떼어놓으며 세종이 땅바닥에 뒹굴고 있는 각각 두 개씩의 말, 되, 홉 개량통을 내려다보았다. 세종이 그중 두 개의 되 통을 나란히 들고 고개를 갸웃했다.

"분명 같은 개량통인데 어찌 양이 다르게 나오는가?"

구경하고 있던 백성 중 한 명이 한심하다는 듯 대꾸했다.

"그걸 정말 몰라서 묻는 게요?"

"모르니까 묻지 않겠소."

"나라에서 개량통의 양을 정확하게 정해주지 않아 상인들마다 제각각이라오. 당연히 서로 다른 점포에서 다른 말통과 되통을 사용하면 분쟁이 발생할 수밖에 없지요."

"후우…… 과연 그렇겠구려."

세종이 한숨을 푹 쉬었다. 세종이 여전히 싸우고 있는 장사치들에게 말했다.

"들으셨소? 두 분 다 잘못한 게 없으니 그만 싸우시오."

하지만 장사치들은 떨어지지 않았다.

"우리 집 개량통이 정확해!"

"무슨 소리! 우리는 삼 대째 사용해온 개량통이란 말이다!"

세종이 참지 못하고 버럭 소리를 질렀다.

"차이 나는 한 되 반의 값을 내가 치를 테니, 제발 그만두시오!"

장사치들이 놀란 눈으로 세종을 돌아보았다.

"그쪽이 왜 대신 값을 치른단 말이오?"

잠시 머뭇거리던 세종이 정색하며 답했다.

"내 비록 말단이지만 나라의 녹을 먹는 관원이오. 모든 사달이 나라에서 잘못된 제도를 바로잡지 않아 생긴 것이니 일말의 책임감이 느껴지는구려."

값을 치르고 휘적휘적 멀어지는 세종의 뒷모습을 장사치들이 황당한 눈으로 지켜보았다.

"거참, 얼빠진 녀석일세."

"말단관원이란 자가 꼭 나라님처럼 행동하고 있구만."

궐로 돌아오는 내내 세종은 한 마디도 하지 않았다. 광화문 안쪽 너른 마당을 지나 홍례문을 통과할 때까지 세종은 여전히 말이 없었다. 금천교를 지나 대궐 안쪽으로 들어서는 세종의 눈치를 살피던 내시부사가 조심스럽게 물었다.

"전하, 많이 언짢으십니까?"

"언짢은 게 아니라 슬프구나."

"무슨 말씀이시온지……?"

"너는 나라가 존재하는 이유가 무엇이라고 생각하느냐?"

"소인 같은 무지렁이가 그런 걸 어찌 알겠나이까?"

"과인은 백성들을 편안히 살게 해주기 위해서 나라가 존재한다고 생각한다. 그런데 과인이 다스리고 있는 이 조선은 그런 나라로 보이지가 않는다. 그것이 서글프구나."

"전하……!"

세종의 얼굴이 확고하게 변했다.

"그래서 과인은 오늘 한 가지를 결심했다. 삼정승을 비롯한 신하들 전부가 반대하더라도 학문을 연구해 제도를 바로 세우는 일을 계속해나가기로."

"백성들을 아끼는 마음에 행하시는 일이 아니옵니까? 전하의 뜻대로 하옵소서."

"그렇게 말해주니 큰 힘이 되는구나."

하찮은 내시의 말도 허투루 듣지 않는 임금을 내시부사가 흐뭇하게 지켜보았다.

세종은 다음 날 일찍 신하들을 편전으로 소집했다.

"경들은 들으시오."

"하명하시옵소서."

"어제 삼정승이 과인에게 말하길, 제도를 세운답시고 지나치게 학문에만 몰두하지 말라 하였소. 경들도 알다시피 과인은 원로대신들의 말에 늘 귀를 기울여왔소. 하지만 이번만은 과인의 뜻대로 밀고나가기로 했소. 태조께서 개국하신 이래 이 나라는 아직 제도가 정비되지 않아 백성들이 고통 받고 있소. 이를 바로잡기 위해선 오직 학문을 연구하여 제대로 된 제도를 만드는 수밖에 없소. 그러니 경들은 과인의 뜻을 헤아려주길 바라오."

"으음……."

영의정 황희와 좌의정 맹사성, 우의정 허조가 신음을 흘리며 세종을 바라보았다. 젊은 임금은 스스로 밝혔듯이 늘 신하들의 말에 귀를 기울이려고 노력했다. 그런 임금이 이렇게까지 단호하게 나오니 신하들도 더 이상 고집을 부릴 수가 없었다.

"전하, 소신들은 전하의 뜻을 따를 것이옵니다. 전하의 뜻대로 하시옵소서."

신하들의 반대를 물리친 세종은 경전과 사서에 대한 연구에 박차를 가했다. 정인지, 성삼문, 신숙주 등 집현전의 학사들이 힘껏 세종을 도왔다. 경전과 사서에서 찾아낸 제도를 적용하려면 지리에 대해서도 알 필요가 있었다. 세종은 팔도의 지도, 인문지리, 풍습, 생태 등에 대한 정보를 수집하라고 지시했고, 이것을 모아서 편찬했다. 너무도 방대한 자료를 간행하다 보니 인쇄술이 빠른 속도로 발전했다. 세종은 인쇄 속도를 높이기 위해 활자의 주조를 담당하는 관청인 주자소를 경복궁 안으로 옮겨 승정원 직속으로 두고 직접 관리했다.

세종의 학문에 대한 집념은 조선의 문화를 활짝 꽃피우는 계기가 되었다. 세종은 윤리, 농업, 지리, 측량, 수학, 약재 등 다양한 분야의 책을 편찬했고, 관료, 조세, 재정, 형법, 군수, 교통 등에 대한 제도들을 새로 정비했다. 세종대에 정해진 제도들은 결국 조선에서 시행된 모든 제도의 기본이 되었고, 나라를 발전시키는 원동력이 되었다.

축구는 과학이다

"으하암~ 몇 시쯤 됐지?"

선재는 늘어지게 하품하며 침대에서 상체를 일으켰다. 벽에 걸린 시계가 어느새 오전 8시를 가리키고 있었다.

"으악! 지각이다!"

투욱!

선재가 후다닥 일어서는 순간 침대 아래로 무언가 떨어졌다. 그것이 아빠에게 건네받은 세종대왕의 위인전임을 알아차린 선재가 멈칫했다. 방바닥에 떨어진 책을 물끄러미 내려다보던 선재가 그것을 주워들었다. '위대한 왕 세종' 이라는 제목을 들여다보던 선재가 저도 모르게 중얼거렸다.

"세종대왕이 훌륭한 왕이긴 하더군."

지난 밤 선재가 읽은 내용에 따르면 세종은 나라를 발전시킬 제도를 세우기 위해 학문 연구에 몰두했다. 많은 신하들이 현실정치에 집중하라고 요구했지만 젊은 왕은 학문 연구를 통해 좋은 제도를 만드는 것이야말로 진정으로 백성을 위하는 길이라고 믿고 포기하지 않았다. 덕분에 세종은 자신이 다스리는 동안 조선의 학문을 꽃피웠고, 좋은 제도까지 만들어냈다.

"아빠는 세종대왕처럼 열심히 공부하면 축구도 더 잘할 수 있다고 말하고 싶은 거겠지."

선재는 어제처럼 아빠가 무작정 틀렸다고는 말할 수 없었다. 무언가 골똘히 생각하던 선재가 책을 침대 위에 던져놓고 방문을 열고 나갔다.

시험이 끝날 때까지 아빠는 정말로 하루에 딱 한 시간밖에 훈련을 시키지 않았다. 시험이 끝나고 나서야 본격적인 축구부 훈련이 시작되었다. 하지만 그 이후에도 수업은 절대로 빠질 수 없었다. 부원들의 불만은 점점 커졌다. 선재도 화를 꾹 참고 있었다. 만약 세종대왕의 위인전이 아니었다면 참지 못했을지도 모른다. 선재는 세종대왕 덕분에 아빠를 조금은 이해하게 되었던 것이다.

며칠 후, 그런 선재로서도 도저히 참을 수 없는 사건이 벌어졌다.

그날도 선재와 부원들은 구슬땀을 흘리며 훈련에 열중하고 있었다. 청팀과 백팀으로 나뉘어 연습 경기를 펼치며 전술을 가다듬는 훈련이었다. 빛나리초등학교 축구부는 4-4-2 포메이션을 사용했다. 포백 4명, 미드필더 4명, 센터포워드 2명으로 이루어진 구성이었다. 선재는 두 자리의 센터포워드 중 한 명이고 4학년 후배가 나머지 한 자리를 맡았지만 주로 주 공격수인 선재를 돕는 역할이었다. 선재는 오늘도 좌우 미드필더로서 윙어의 자리까지 치고 올라오는 찬영이, 현수와 함께 공격을 주도해나갔다. 선재

가 대인방어를 시도하는 수비수를 재빨리 따돌리고 골대를 향해 쇄도했다. 순간 왼쪽에서 공을 몰고 달려들던 찬영이 힘차게 센터링을 날렸다.

"선재야, 받아!"

"나이스 패스!"

공은 정확히 선재의 발 앞으로 떨어졌다. 공이 땅에 닿기 전에 선재가 정확히 슛을 날렸다.

뻐엉!

거의 완벽한 찬스였지만 공은 오른쪽 골포스트를 맞고 튕겨 나오고 말았다.

"이런 젠장!"

아쉬워하는 선재의 옆으로 누군가 바람처럼 튀어나왔다. 그리고 굴러 나오는 공을 골대를 향해 힘껏 차 넣었다.

출렁~

이번에는 공이 골키퍼를 스쳐 골망을 갈랐다.

"와아아!"

중앙미드필더를 맡고 있는 유빈이 4학년 동급생들과 손

뺨을 마주치며 환호하는 게 보였다. 선재가 씁쓸한 눈으로 활짝 웃는 유빈을 바라보았다. 요즘은 센터포워드인 선재보다 미드필더인 유빈이 더 많은 골을 넣고 있는 것이다. 찬영이와 현수가 선재의 어깨를 툭 쳤다.

"네 덕분에 들어간 골이었어."

"……."

두 친구의 위로는 오히려 선재의 마음을 무겁게 만들었다. 이때 아빠의 외침이 들렸다.

"연습 끝! 모두 이쪽으로 모여 봐라!"

선재가 부원들과 함께 숨을 헐떡이며 아빠를 향해 다가갔다. 아빠 옆에 서 있던 세영이 싱긋 웃었지만 선재는 애써 모른 척했다. 아빠가 땀범벅이 된 부원들에게 물었다.

"연습 경기는 즐거웠니?"

"예에!"

"그런데 너희가 뛰는 걸 보다 보니 우리 팀에 몇 가지 문제점이 있더구나."

"……?"

"주장!"

"예, 감독님."

"우리 팀의 가장 큰 문제가 뭐라고 생각하니?"

"그건…….."

선뜻 대답하지 못하는 선재를 향해 아빠가 말했다.

"선재는 이번 경기에서 세 번이나 결정적인 찬스가 있었다. 그런데 한 번도 골로 연결시키지 못했지."

선재의 얼굴이 벌겋게 달아올랐다.

"연습 경기에서 골을 넣느냐 못 넣느냐는 중요하지 않다고 생각합니다. 진짜 중요한 건 전술을 제대로 수행했느냐 아닐까요? 센터포워드로서 저의 전술 수행 능력에는 문제가 없다고 봅니다만."

"호오, 그럼 실제 시합에선 골을 넣었다는 뜻이냐?"

아빠가 입꼬리를 슬쩍 들어 올리며 세영이를 돌아보았다. 세영이 자료가 정리되어 있는 스마트폰을 들여다보며 말했다.

"일단 지난 춘계대회 결과만 놓고 얘기할게요. 빛나리초등학교는 춘계대회에서 3전 3패를 기록했어요. 세 경기에서 넣은 골은 고작 두 골, 실점은 무려 아홉 점이나 했죠."

세영이 스마트폰에서 눈을 떼고 당황하는 선재의 얼굴을 똑바로 쳐다보았다.

"이 자료에 따르면 우리 축구부의 가장 큰 문제점은 골 결정력 부족이라고 할 수 있어요. 그리고 그 책임은 주 공격수인 민선재에게 있다고 할 수밖에 없겠네요."

선재의 얼굴이 붉으락푸르락해졌다. 다른 사람도 아닌 세영이에게 이런 말을 들으니 참을 수가 없었다.

'아빠는 왜 우리 학교로 와서 나를 이렇게 힘들게 만드는 걸까? 내가 센터포워드란 포지션에 얼마나 자부심을 느끼고 있는지 뻔히 알면서 말이야.'

선재가 어금니를 깨물며 화를 꾹꾹 눌러 참았다.

"감독님께서 센터포워드를 그만두라고 하시면 그만두겠습니다. 어쨌든 모든 부원은 감독님의 지시에 따라야 하니까요."

"나는 그만두라고 말한 적은 없는데."

"방금 그런 뜻으로 말씀하신 거 아닌가요?"

"분명히 말하지만 나는 조언만 할 뿐, 결정은 너희들 스스로 내리도록 할 거다. 너희들 스스로 공격수를 바꿔야겠다고 생각하면 바꾸도록 해라. 만약 그럴 필요가 없다고 생각한다면 절대 강요하지 않으마."

선재가 볼멘소리로 말했다.

"쳇, 결국 나쁜 역할은 맡지 않겠다는 뜻이잖아요?"

아빠의 표정이 진지하게 변했다.

"그런 얘기가 아니다. 축구선수라면 누구나 환호 받는 센터포워드를 원하지. 하지만 11명 모두가 센터포워드를 원해서야 진정한 강팀을 만들 수 있겠니? 그래서 너희들 스스로 결정하라는 거다. 너희들이 전부가 스스로 수긍할 수 있는 포지션을 찾아야 진정한 강팀이 될 수 있을 테니까. 단, 이것만은 기억해다오. 1974년 서독 월드컵에서 오렌지군단을 준우승으로 이끌었던 요한 크루이프와 2002년 한일 월드컵에서 한국을 4강에 올려놓았던 홍명보는 공격수가 아니라 수비수이면서 공격에 적극 가담하는 리베로였다는 사실을."

"으음……."

생각에 잠긴 선재의 눈을 들여다보며 아빠가 검지를 치켜세웠다.

"또 한 가지, 축구는 과학이다!"

"……?"

선재와 부원들이 어리둥절한 표정으로 아빠의 얼굴을 바

라보았다. 감독님이 대체 무슨 말을 하는 것인지 알 수가 없었기 때문이다. 부원들의 궁금증을 풀어줄 생각 따윈 없다는 듯 아빠가 짝짝 손뼉을 마주쳤다.

"오늘은 이만 해산! 수고했다!"

"감사합니다!"

아빠와 부원들이 뿔뿔이 흩어진 후에도 선재는 우두커니 서 있었다. 찬영이와 현수가 다가와 기분도 꿀꿀한데 떡볶이나 먹으러 가자고 했지만 선재는 고개를 저었다. 두 친구가 돌아간 후에도 선재는 텅 빈 운동장에 남아 있었다.

"민선재, 날 기다리고 있었니?"

천천히 돌아서는 선재 앞에 세영이 싱글벙글 웃으며 서 있었다. 오늘만은 심장이 두근거리지도, 얼굴이 화끈거리지도 않았다.

선재가 퉁명스럽게 물었다.

"날 바보로 만들어서 속이 시원하냐?"

"널 바보로 만들다니? 누가? 내가?"

"네가 아빠랑 짜고 성적 부진의 책임을 나한테 덮어씌웠

잖아."

"민선재, 제발 철 좀 들어라."

세영이 한심하다는 듯 고개를 설레설레 흔들었다.

"나는 어디까지나 객관적 자료를 가지고 얘기한 것뿐이야."

"어쨌든 너도 내가 센터포워드를 그만두길 바라는 거잖아."

"감독님 말씀 못 들었어?"

"……."

"축구는 과학이라고 하셨잖아. 너 스스로 과학적으로 따져봐서 센터포워드를 계속할지 아니면 어울리는 다른 포지션으로 찾아갈지 결정하면 될 거야. 물론 그 결정이 팀에 도움이 되어야겠지."

선재는 세영이 아빠처럼 과학 어쩌고 하는 것이 마음에 들지 않아 미간을 찌푸렸다.

"나는 갈 테니까 계속 고민해보라고."

운동장을 가로질러 멀어지는 세영의 뒷모습을 선재가 복잡한 눈빛으로 지켜보았다.

"와아, 오늘따라 고등어조림이 정말 맛있군."

"어머, 그래요?"

"선재야, 이 시금치무침 좀 먹어봐라. 엄마의 음식 솜씨가 나날이 좋아지는구나."

저녁 식탁에서 아빠는 말이 많았다. 선재의 밥 위에 반찬을 올려주기도 했다. 하지만 선재는 아빠의 친절이 거슬리기만 했다. 그래서 밥 위에 놓여 있던 반찬들을 슬그머니 치워버렸다. 엄마가 그런 선재를 곱지 않게 보았다.

"아빠가 일부러 주신 반찬을 왜 덜어내는 거야?"

선재가 뿌루퉁한 얼굴로 밥알을 깨작거렸다.

"입맛이 없어서 그래."

"입맛이 왜 없는데? 어디 아프니?"

"……."

"엄마가 묻고 있잖아?"

"정 궁금하면 아빠한테 물어보든가."

"이건 또 무슨 말이야?"

선재가 젓가락을 소리 나게 내려놓았다.

"아빠가 축구부 감독으로 오자마자 내 센터포워드 포지션을 빼앗으려 하고 있다구."

"여보, 사실이에요?"

의아한 듯 묻는 엄마를 향해 아빠가 대수롭지 않게 대답했다.

"설마 내가 우리 아들의 포지션을 빼앗으려 하겠어? 그냥 그 자리가 선재에게 안 맞을 수도 있으니 과학적으로 한번 따져보라고 했을 뿐이야."

"그게 결국 그 소리잖아요!"

쾅!

선재는 버럭 소리를 지르고는 방으로 들어가 문을 세게 닫았다. 엄마가 한숨을 푹 쉬었다.

"어째 당신이 감독으로 간 이후로 선재가 더 힘들어하는 것 같아요?"

"모두 선재를 위한 일이니 너무 걱정 말고 지켜봐줘."

방으로 돌아온 선재는 책상 앞에 앉아 씩씩댔다. 도무지

화를 삭일 수가 없었다. 다른 사람도 아닌 아빠가 자신을 사사건건 방해한다고 생각하니 억울한 감정이 솟구쳤다.

"에잇!"

선재가 팔을 휘둘러 책상 위에 놓여 있던 책들을 쓸어버렸다.

퍼억!

"윽!"

그중 한 권이 발등을 찍었다. 발 앞에 떨어진 책은 '위대한 왕 세종'이었다. 선재가 그것을 집어 들었다. 책 표지를 물끄러미 보던 선재가 무슨 생각이 들었는지 책장을 펼쳐 읽기 시작했다. 처음에는 기분이 너무 좋지 않아 눈에 잘 들어오지 않았지만 어느 순간부터 선재는 책의 내용에 푹 빠져들었다.

세종, 조선의 과학을 발전시키다

"전하, 이제 그만 궐로 돌아가셔야 합니다!"

"어허, 이 생원이라고 부르라니까."

늦봄 어느 날, 세종은 내시부사와 함께 밀행을 나왔다. 민가가 사라지고 논밭이 넓게 펼쳐진 시골길을 휘적휘적 걸어가는 세종을 내시부사가 숨을 헐떡이며 쫓아왔다. 한참을 걷던 세종이 커다란 백양나무 그늘 아래 주저앉으며 갓끈을 풀었다.

"휴우~ 한동안 걸었더니 고되구나. 여기서 잠시 쉬었다 가자."

"전하, 옥체를 어찌 땅바닥에 놓으십니까? 소인의 도포를 깔 테니, 일어나십시오."

"임금 엉덩이는 금으로 만들어졌다더냐? 괜찮으니 호들갑 떨지 말고 이리 와서 앉게."

세종이 손바닥으로 자신의 옆자리를 두드렸다. 머뭇거리던 내시부사가 조심스럽게 앉았다. 나무 그늘은 시원했다. 따뜻한 바람이 불어오자 백양나무 잎이 우수수 춤추었다. 세종은 미소를 머금은 채 눈앞의 밭에서 소를 몰며 쟁기질하는 늙은 농부의 모습을 바라보았다.

"저 늙은 농부를 보아라. 한눈 팔지 않고 땀 흘려 일하는 모습이 참으로 가상하지 않으냐? 저런 농부들이야말로 이 나라를 떠받치는 기둥이라고 할 수 있지."

내시부사가 세종의 옆얼굴을 힐끗 보았다. 젊은 임금은 백성들이 편안하게 농사짓고, 자신들이 수확한 작물로 배불리 먹는 것을 볼 때 가장 행복한 표정을 지었다.

'요순임금에 버금가는 성군이 되실 게야.'

내시부사의 입가에도 뿌듯한 미소가 피어올랐다.

이때 농부의 아내로 보이는 할멈이 머리에 광주리를 이고 걸어오는 게 보였다. 밭두렁에 서서 두리번거리던 할멈이 세종 바로 옆의 나무 아래 광주리를 내려놓았다. 그리고 탁주 한 병과 열무국수로 이루어진 소박한 참거리를 꺼내놓았다.

"영감, 참 좀 들고 해요!"

"알았어, 할멈!"

농부가 무명바지에 묻은 흙을 툭툭 털며 자리에 앉자마자 할멈이 탁주 한 사발을 건넸다.

"한 잔 쭉 드시구랴."

"고마우이."

농부가 숨도 쉬지 않고 벌컥벌컥 들이켰다. 마침 목이 말랐던 세종이 침을 꼴깍 삼켰다.

"전하, 시장하실 텐데 그만 환궁하시는 것이……."

세종이 들은 척도 하지 않고 농부를 불렀다.

"이보시오."

"왜 그러시오?"

"지나가는 과객인데 목이 말라서 말이오. 탁주 한 사발 얻어 마실 수 있겠소?"

세종의 얼굴을 물끄러미 보던 농부가 순순히 고개를 끄덕였다.

"이런 보잘 것 없는 음식도 괜찮다면 이리 오시오."

"고맙소이다."

"전하, 어찌 저런 천한 음식을…… 으읍!"

질겁하는 내시부사의 입을 틀어막으며 세종이 농부에게 다가갔다. 세종이 내시부사를 억지로 앉히며 자신도 농부 옆에 주저앉았다. 그리고 농부가 내미는 잔을 천연덕스럽게 받았다.

"기왕이면 그득히 따라주시오."

"보아하니 행세깨나 하는 양반님 같은데 넉살도 좋으시오."

농부가 씨익 웃으며 세종의 잔에 넘치도록 따라주었다. 벌컥벌컥 탁주를 들이키는 세종을 내시부사가 황당한 듯 쳐다보았다. 잔을 깨끗이 비운 세종이 소맷자락으로 입가를 훔쳤다.

"탁주 맛이 일품이오. 화창한 봄날에 농부가 밭을 갈며 태평가를 부르니, 무릉도원이 따로 없구려."

순간 농부의 표정이 험악하게 변했다. 매섭게 쏘아보는 농부를 향해 세종이 물었다.

"갑자기 왜 그러시오? 내가 무슨 실언이라도……?"

"에라잇!"

"으앗!"

농부가 바닥에 깔려 있던 열무국수와 탁주 등을 들어 엎어버렸다. 국수 국물이 세종의 도포로 쏟

아졌다. 내시부사가 박차고 일어서며 농부에게 호통 쳤다.

"네 이놈! 이분이 뉘신 줄 알고 감히…… 으읍!"

세종이 다시 내시부사의 입을 틀어막았다.

"대체 왜 이리 화를 내는 게요? 말씀을 해보시구려."

"당신 눈에는 내가 농사를 지으려고 밭을 갈고 있는 것으로 보이오?"

"그럼 아니라는 말이오?"

"허허!"

실소하는 농부를 대신해 깨진 그릇을 주워 담으며 할멈이 설명했다.

"지난겨울 저 밭에 보리를 심었다오. 그런데 절기를 잘못 계산하는 바람에 보리가 싹 말라죽었지 뭐요. 그래서 보리 한 톨 거둬들이지 못하고 밭을 갈아엎는 중이라오. 거기에 대고 무릉도원 운운했으니, 끌끌."

한동안 멍하니 노인과 할멈을 바라보던 세종이 옷매무시를 고쳤다. 그리고 농부를 향해 정중히 허리를 숙였다.

"용서하시오. 이 사람이 무지하여 노인장께 큰 실례를 저질렀소."

"맙소사……!"

그런 세종을 보며 내시부사가 입을 쩍 벌렸다.

오후 늦게야 세종은 환궁했다. 굳은 얼굴로 편전으로 향하는 세종에게 내시부사가 물었다.

"전하, 불경한 농부 때문에 아직 언짢으십니까?"

"그래, 무척 언짢구나."

"지금이라도 의금부 군사들을 풀어 오만방자한 농부를 잡아들이심이……."

"과인이 언짢은 것은 그 농부 때문이 아니라 백성들에게 정확한 절기조차 알려주지 못하는 과인의 무능함 때문이다."

"소신은 무슨 말씀이신지 잘 모르겠나이다."

"늙은 농부 내외는 춘궁기를 면하려고 겨우내 지극정성으로 보리를 키웠다. 그런데 절기를 잘못 계산하는 바람에 농사를 망치고 굶주림에 시달리게 되었지."

"소인도 들었사옵니다."

"그렇다면 절기를 잘못 계산한 것은 누구의 책임이냐?"

"당연히 농부 자신입니다."

"틀렸다. 일개 농부가 어찌 절기를 정확히 알 수 있겠느냐? 그것은 나라에서 알려줬어야 하는 일이다."

"으음……."

백성을 생각하는 세종의 마음이 전해져 내시부사는 말없

이 고개를 끄덕였다.

"그런데 문제는 나라에서조차 정확한 절기를 알지 못한다는 사실이지."

"전하, 너무 자책하지 마시옵소서. 전하께서 천하의 모든 일을 관장하실 수는 없는 법이옵니다."

"과인을 위한 변명으로밖에는 들리지 않는구나."

자조적인 미소를 흘리던 세종이 우뚝 걸음을 멈추었다. 집현전을 지나 사정전으로 향하던 중 햇빛이 쨍쨍 내리쬐는 땅바닥에 쪼그리고 앉아 있는 젊은 관노의 모습이 눈에 들어왔기 때문이다. 흔히 볼 수 있는 궁의 관노였지만 하는 짓거리가 수상쩍었다. 그는 땅바닥에 기다란 꼬챙이를 꽂아놓고 그것이 햇빛을 받아 땅바닥에 만들어놓은 그림자를 유심히 살펴보고 있었다. 나중에는 자로 그림자의 길이를 재더니, 측정한 내용을 장부에 꼼꼼히 기록까지 했다.

호기심이 발동한 세종이 관노를 향해 다가갔다. 곁으로 다가가서 자세히 보니 꼬챙이 바로 앞 땅바닥에 13줄의 가로선과 7줄의 세로선이 교차되도록 그려져 있었다.

"흠흠!"

세종이 인기척을 냈지만 관노는 듣지 못한 듯 계속 장부에 무언가 끄적였다.

"그림자의 끝이 다섯 번째 가로선에 닿았으니 지금 시각이 미시(*오후 13~15시경)쯤 되었겠군. 동시에 그림자가 여덟 번째 세로선에 걸쳤으니 절기로는 곡우쯤 되겠어."

흡족한 듯 웃는 관노의 얼굴을 유심히 보던 세종이 슬쩍 걸음을 옮겨 꼬챙이 뒤쪽으로 섰다. 세종이 해를 막는 바람에 그림자가 사라져버렸다. 그제야 관노 청년이 얼굴을 들었다.

"지금 뭐하시는 겁니까?"

관노는 도포 차림의 세종을 못 알아보는 듯했다. 세종이 짓궂게 미소 지었다.

"보면 모르겠나? 햇빛을 쪼이고 있네."

"미안하지만 비켜 주십시오. 나리 때문에 방해받고 있습니다."

"호오, 대체 무얼 방해받는다는 건가?"

"해를 이용해 시각을 재고 있었습니다."

"자네는 궁에 소속된 관노 아닌가? 관노가 그런 일도 하는가?"

관노가 불쾌한 표정을 숨기지 않았다.

"소인은 관노이긴 하지만 선왕 때부터 궁중기술자로 종사해왔습니다."

"오, 그런가? 그런데 왜 이런 걸 연구하지? 혹시 누군가 자네에게 지시를 내렸는가?"

"지시를 받은 적은 없습니다. 해시계는 백성들에게 정확한 시각은 물론 절기까지 알려줄 수 있는 유용한 물건이기에 연구하고 있었을 뿐입니다."

"백성들에게 시각과 절기를 알려준단 말이지?"

세종의 표정이 환해지며 땅바닥에 그려진 13줄의 가로선과 7줄의 세로선을 가리켰다.

"땅바닥에 그려놓은 저 선들은 대체 무언가? 왜 선들을 어지럽게 교차시켜놓았지?"

계속되는 질문에 관노가 짜증을 부렸다.

"더 이상 방해하지 말고 비키시오!"

내시부사도 참지 못하고 소리쳤다.

"무엄하다, 이놈! 주상전하시다!"

"……!"

찢어져라 눈을 부릅뜨는 관노의 얼굴을 보며 세종이 쓰게 입맛을 다셨다.

"내시부사 때문에 되는 일이 없구만."

세종이 비로소 허리를 세우며 임금다운 근엄한 표정을 지었다.

"네 이름이 무엇이냐?"

관노가 넙죽 엎드렸다.

"몰라 뵙고 죽을죄를 지었나이다. 소인 장영실이라 하옵니다."

"그래, 장영실. 네가 비록 천한 관노이지만 마음씀씀이는 임금보다 낫구나. 누가 시킨 것도 아닌데 백성들을 위해 해시계를 만들려고 했다는 말이지? 허헛, 참으로 기특한지고."

"황공하옵니다."

세종이 다시 땅바닥에 그려진 선들을 가리켰다.

"자, 이제 설명해주겠느냐? 저 선들은 대체 무얼 의미하느냐?"

장영실이 떨리는 목소리로 설명했다.

"가로 13줄은 24절기의 계절선을 나타내고, 세로 7줄은 시각선을 나타냅니다. 북극점을 향해 꼬챙이를 꽂아놓으면 해가 동쪽에서 떠서 서쪽으로 질 때 그림자가 시각선에 비추어 시각을 알 수 있습니다. 또한 계절에 따라 해의 고도가 달라지므로 계절선에 비추는 그림자를 보고 절기를 확인할 수 있습니다."

뚫어져라 선들을 보던 세종이 감탄사를 발했다.

"과연…… 과연……. 짐도 어떤 원리인지 알 것 같구나. 네가 생각하는 이 원리로 시각과 절기를 살펴 보니, 정확히 들어맞았단 말이지?"

장영실이 그림자의 길이와 시각, 절기를 빼곡히 적어놓은 장부를 펼쳐보였다.

"소인이 수년간 연구하고 오차를 줄인 결과 이제는 거의 완벽하게 들어맞기 시작했나이다."

장영실의 얼굴을 뚫어져라 보던 세종이 고개를 젖히며 큰 웃음을 터뜨렸다.

"핫하하! 경복궁에 이런 대단한 과학자가 있다는 사실을 까맣게 모르고 있었다니, 과인보다 어리석은 임금이 또 있을까?"

"으악! 전하, 조심하십시오!"

장영실이 빽 소리치자 세종이 움찔했다. 세종의 발이 땅바닥의 선을 밟았던 것이다. 세종이 임금이란 사실을 까맣게 잊은 듯 장영실이 지워진 선을 다시 그리며 투덜거렸다.

"이런, 그 사이에 그림자가 짧아졌군. 역시 곡우에서 입하로 넘어가는 절기에는 해가 짧아진단 말씀이야."

"이런 무엄한 놈을 봤나……?"

화가 치밀어 부들부들 떠는 내시부사를 향해 세종이 씨익 웃었다.

"내버려둬라. 임금보다 백성을 먼저 생각하는 마음이 가

상하지 않으냐? 과인이 오늘 보석을 얻었구나."

 장영실은 그날 해가 질 때까지 꼼짝도 하지 않고 그림자를 연구했다. 세종도 그 옆에 망부석처럼 서서 지켜보았다. 해가 저문 후에야 몸을 일으키는 장영실을 세종이 강녕전으로 데려갔다. 그리고 밤늦게까지 장영실과 해시계에 대해 진지하게 토론했다. 내시부사는 임금이 관노 따위와 마주앉아 대화를 나누는 것 자체가 마음에 들지 않아 전전긍긍했다.

 대화를 나눌수록 세종은 장영실의 박식함에 놀랐다. 장영실은 장영실 대로 해시계의 약점을 짚어내고, 해결책까지 제시하는 세종에게 혀를 내둘렀다. 밤이 깊어갔지만 임금과 관노의 대화는 끝날 기미가 없었다. 두 사람은 어찌 보면 오랜 친구처럼 보이기도 했다.

 침전의 분합문 밖에서 대기 중이던 내시부사가 혀를 찼다.

 "신하들에게 책이라도 잡히면 어쩌려고 저러시는지, 원……!"

세종, 조선의 과학을 발전시키다

내시부사의 걱정을 아는지 모르는지 날이 밝자마자 세종은 편전으로 신하들을 불러 모았다. 오늘따라 싱글벙글인 세종과 용상 바로 아래 서 있는 장영실을 신하들이 의아한 듯 보았다.

'천한 관노가 어찌 용상 앞에 서 있다는 말인가?'

신하들의 궁금증이 절정에 이를 무렵, 세종이 입을 열었다.

"여기 서 있는 남자는 궁에 속한 관노로서 성을 쌓고 무기를 수리하는 궁중기술자 장영실이라 하오. 과인이 장영실을 지켜본 바, 능력이 출중하고 애민정신이 뛰어나기에 정5품 상의원 별좌로 임명해 면천을 시켜주려고 하는데, 경들의 생각은 어떠하오?"

영의정 황희가 펄쩍 뛰었다.

"전하. 노비에게 벼슬을 내릴 수는 없사옵니다."

좌의정 맹사성과 우의정 허조도 거들었다.

"전하, 이것은 전례가 없는 일이옵니다."

"자칫 조선의 신분제도를 흔들 수도 있음을 유념하시옵소서."

세종이 그럴 줄 알았다는 듯 고개를 끄덕였다.

"경들이 무엇을 걱정하는지 알고 있소. 하지만 장영실은 장차 백성들을 위해 큰일을 해낼 인재요. 이런 재목을 오직 신분이 비천하다는 이유로 발탁하지 않는 것은 백성들에게 큰 손해를 끼치는 일이라고 생각하오."

병조판서 조말생을 비롯한 육조의 판서들이 벌떼처럼 들고 일어났다.

"노비에게 벼슬은 가당치도 않습니다."

"인재가 필요하다면 차라리 초야의 선비들을 발탁하시옵소서."

신하들이 고집을 꺾지 않자 세종은 난처해졌다. 장영실도 자신 때문에 분란이 벌어지는 것 같아 전전긍긍했다. 턱을 어루만지며 고민하던 세종의 입가에 의미심장한 미소가 떠올랐다.

"좋소, 경들이 정 그렇게 생각한다면 과인도 고집을 부리진 않겠소."

"성은이 망극하옵니다."

"장영실의 문제는 다음으로 미루기로 하고, 오늘 오전 조회는 이것으로 마칩시다."

"알겠사옵니다, 전하."

"날이 좋으니 경회루에서 작은 연회를 열겠소. 오랜만에 편안하게 다과라도 즐깁시다."

"황공하옵니다, 전하."

머리를 조아리는 신하들을 바라보는 세종의 눈이 빛을 발했다.

"단, 정확히 미시에 경회루로 모여야 하오. 너무 일찍 온 신하에게도 벌을 내릴 것이고, 너무 늦게 온 신하에게도 벌을 내릴 것이니 시간을 정확히 지켜주길 바라오."

신하들이 당황스런 눈빛을 교환했다.

"정확히 미시라고?"

"어떻게 시간을 정확히 맞출 수 있단 말인가?"

당시에는 시계가 없었으므로 시간을 정확히 맞추는 것이 불가능했다. 그래서 신하들은 임금과 약속이 잡히면 보통은 몇 시간씩 일찍 나와서 기다리곤 했다. 그런데 임금께서 오늘은 너무 일찍 와도 벌을 내리겠다고 하시지 않는

가. 삼정승과 신하들이 당황하는 것은 당연했다.

세종은 경회루 난간에 서서 하얀 목련 꽃잎이 둥둥 떠다니는 연못을 바라보았다. 세종의 몇 걸음 뒤쪽에 내시부사와 나란히 서 있던 장영실이 허리를 조아렸다.
"전하, 소인 때문에 마음을 쓰시는 것 같아 망극하옵니다. 소인은 노비든 양민이든 상관없으니 벼슬을 내리겠다는 분부를 거두어 주십시오."
세종이 장영실을 돌아보며 싱긋 웃었다.
"바로 그렇기 때문에 너에게 반드시 벼슬을 내리려는 것이다."
"예?"
"너는 비록 신분은 천하지만 욕심이 없다. 오직 백성들을 위해서 연구에 몰두하니, 어찌 너를 발탁하지 않을 수 있겠느냐?"
"하지만 조정의 신하들이 모두 반대하니……."
"신하들의 반대는 곧 무마될 테니 걱정하지 말거라. 그보다 네가 연구한 해시계는 제대로 설치되어 있겠지?"

"그렇사옵니다."

세종과 장영실이 동시에 경회루 앞뜰 한복판에 꽂혀 있는 꼬챙이를 쳐다보았다. 바로 어제 장영실이 집현전 근처 땅바닥에 꽂아두었던 바로 그 꼬챙이였다. 꼬챙이 앞쪽 바닥에는 13줄의 가로선과 7줄의 세로선이 그려져 있었다. 햇빛을 받은 꼬챙이가 가로선과 세로선 사이에 그림자를 선명하게 드리웠다.

세종이 미시 근처를 가리키고 있는 그림자를 보며 의미심장하게 미소 지었다.

"과연 몇 명의 신하들이 약속시간에 도착할 수 있는지 지켜보자꾸나."

결론부터 말하자면 삼정승과 육판서를 비롯한 어떤 신하도 제 시간에 도착하지 못했다. 세종이나 신하들이 예상한 대로의 결과였다. 경회루 한복판에 긴장된 얼굴로 늘어선 신하들을 세종이 짐짓 성난 얼굴로 보았다.

영의정 황희가 간신히 입을 열었다.

"전하, 소신들이 시간을 지키지 못했나이다. 용서하여 주십시오."

"과인은 분명 미시까지 모이라는 왕명을 어기는 신하에겐 벌을 내리겠다고 했소. 그런데 경들 중 일부는 너무 일찍 도착했고, 일부는 너무 늦게 도착했소. 경들이 과인의 말을 무시하지 않았다면 어떻게 이런 일이 일어날 수 있었겠소?"

"송구하옵니다, 전하."

머리를 조아리는 황희 뒤쪽에 서 있던 조말생이 억울한 듯 말했다.

"전하, 원래 시간이란 해의 위치나 별의 운행을 보고 대충 짐작하는 것이옵니다. 어찌 정확하게 맞출 수 있겠나이까?"

세종이 다혈질인 조말생의 반박에 씨익 웃었다.

"불가항력이었다? 경은 왕명을 따름에 있어 불가항력이란 말이 용인될 수 있다고 보시오?"

"물론 그렇지는 않사옵니다. 다만 누구도 시간을 정확하

게 확신할 수 없으니 신들이 시간을 어긴 것인지, 어기지 않은 것인지 또한 판단할 수 없다는 뜻이옵니다."

"그러니까 과인도 정확한 시간을 모른다?"

"……."

조말생은 더 이상 대답하지 않았다. 하지만 그의 눈빛이 그렇노라고 말하고 있었다. 다른 신하들도 조말생의 항의에 공감하고 있는 듯했다. 조말생과 신하들의 얼굴을 지그시 바라보던 세종이 오른손을 번쩍 쳐들었다.

"미안하지만 과인은 정확한 시간을 알고 있소. 그러니 시간을 지키지 못한 경들을 얼마든지 벌할 자격이 있소."

"!"

세종의 말에 조말생과 신하들이 눈을 부릅떴다. 하지만 그들의 얼굴에서 의심이 완전히 사라진 것은 아니었다. 세종이 한 걸음 나서며 손가락으로 앞뜰에 꽂혀 있는 꼬챙이를 가리켰다.

"과인에게는 정확한 시계가 있기 때문이오."

신하들이 휘둥그레진 눈으로 꼬챙이와 그 앞에 그려진

가로선과 세로선을 보았다. 조말생이 피식 웃으며 물었다.

"전하, 저것이 시계라는 말씀입니까?"

"그렇소."

"으음……."

조말생이 여전히 믿지 못하겠다는 눈치를 보이자 세종이 장영실을 불렀다.

"영실은 앞으로 나와라."

"예, 전하."

"네가 제작한 해시계의 원리에 대해 설명해 보아라."

"알겠사옵니다."

장영실이 세종에게 했던 것처럼 시각을 나타내는 7줄의 세로선과 절기를 나타내는 13줄의 가로선에 대해 설명했다. 신하들이 입을 쩍 벌린 채 막힘없이 술술 설명하는 장영실의 얼굴을 쳐다보았다.

"저렇듯 북극점을 향해 꼬챙이를 꽂아두면 해가 동쪽에서 떠서 서쪽으로 질 때 그림자가 세로 7줄에 비추어 시각을 알 수 있습니다. 또한 계절에 따라 해의 고도가 달라지기 때문에 가로 13줄에 비추는 그림자를 보고 절기를 확인할 수 있습니다."

장영실이 손가락으로 세로 7줄 중 5번째 줄 옆을 비추고 있는 그림자를 가리키며 힘주어 말했다.

"지금 그림자가 미시를 가리키고 있는 게 보이실 겁니다. 또한 곡우의 절기를 비추고 있는 것도 확인하실 수 있을 겁니다."

신하들이 소란스럽게 웅성거렸다.

"사실이라면 정말 대단하군."

"저 원리를 이용하면 시각과 절기를 정확히 알 수 있지 않겠나?"

"전하께서 저 관노에게 벼슬을 내리려고 하신 이유를 알겠어."

하지만 조말생만은 끝까지 장영실을 인정하려 들지 않았다.

"전하, 소신은 아직 저 미천한 관노가 이런 대단한 연구를 해냈다는 말을 믿을 수가 없습니다. 저 그림자가 언제나 정확한 시각과 절기를 가리킨다는 보장이 없지 않사옵니까?"

"경이 그렇게 말할 줄 알았소. 영실아, 병조판서에게 너의 장부를 보여 드려라."

"분부 받들겠나이다."

장영실이 자신이 수 년간 그림자의 길이를 기록한 장부를 조말생에게 공손히 건넸다. 장영실의 손에서 장부를 낚아챈 조말생이 거기에 적힌 수치와 내용을 꼼꼼히 검토하기 시작했다. 황희와 맹사성 등도 조말생의 좌우편에서 함께 그것을 들여다보았다. 처음에는 거만하던 조말생의 표정이 시시각각으로 변하는 것을 세종이 희미하게 웃으며 지켜보았다.

타악!

조말생이 드디어 장부를 덮었다. 충격 어린 그의 얼굴을 다른 신하들이 뚫어져라 쳐다보았다. 세종이 조말생을 향해 넌지시 물었다.

"경의 생각은 어떠한가? 아직도 장영실이 만든 시계가 엉터리라고 생각하는가?"

조말생이 세종 앞에 털썩 무릎을 꿇었다.

"전하께서 명하신 시간을 지키지 못한 소신들을 벌하여 주시옵소서!"

끝까지 버티던 조말생이 무릎을 꿇자 다른 신하들도 앞다퉈 무릎을 꿇었다.

"소신들의 잘못이옵니다!"

"어떤 벌이든 달게 받겠나이다!"

세종이 짐짓 눈을 부라렸다.

"흐음, 그렇다면 멀리 귀양이라도 보내야 하는 것인가?"

"……!"

귀양이라는 말에 신하들의 안색이 굳어졌다. 숨소리조차 내지 못하는 신하들을 향해 세종이 착 가라앉은 소리로 말했다.

"과인이 이 많은 신하들을 귀양 보내고 어찌 정사를 돌볼 수 있겠소? 그렇다고 잘못이 있는데 아무 일도 없었다는 듯 넘어갈 수는 없으니 이렇게 하십시다. 경들이 장영실을 정5품 별좌에 임명하는 데 동의해주시오. 그럼 과인도 경들에게 죄를 묻지 않겠소. 이런 걸 두고 피장파장이라고 하지요, 아마?"

서로의 눈치를 살피던 조말생과 신하들이 입을 모아 외쳤다.

"성은이 망극하옵니다, 전하!"

세종이 감격스런 표정을 짓고 있는 장영실을 향해 빙그레 미소 지었다.

'백성들을 위하는 너의 마음에 감동하여 벼슬을 내리는 것인즉, 과인에게 감사하지 말고 백성들에게 감사하라. 그리고 앞으로도 백성들을 위해 조선의 과학 발전에 힘쓰도록.'

세종은 노비의 신분에서 벗어난 장영실의 도움을 받으며 많은 과학적 업적을 이루었다. 먼저 장영실의 연구를 바탕으로 해시계인 앙부일구를 제작했는데, 영침을 북극점으로 맞춘 이 해시계의 7줄 세로선을 이용해 시간을 측정했고, 13줄 가로선을 이용해 절기를 알아냈다. 농업을 생업으로 하는 백성들이 정확한 시각과 절기를 알게 되자 농사

일에 큰 도움이 되었다.

하지만 해시계에는 치명적인 약점이 있었다. 해가 지고 나면 시간을 측정할 수 없다는 것이었다. 밤에는 별자리의 움직임을 통해 시간을 재었지만 정확하지 않았을 뿐더러, 날씨가 흐리거나 비가 오면 그조차 불가능했다. 그래서 세종과 장영실이 만들어낸 것이 바로 물시계 자격루다. 자격루는 물을 넣은 항아리 한 귀에 작은 구멍을 뚫어 물방울이 하나씩 떨어지는 것을 다른 항아리에 받아서 그 부피를 재보는 방식이다. 시간이 지남에 따라 부피는 일정하게 늘어나는데, 하루에 흘러들어간 물의 깊이를 자로 재서 12등분 하면 한 시간의 길이가 나오게 된다. 세종과 장영실은 또한 강우량을 정확하게 측정할 수 있는 측우기도 발명했다.

장영실이 자격루와 측우기 제작에 성공하자 세종은 크게 기뻐하며 정4품 호군의 관직을 내렸다. 이때에도 신하들의 반대가 심했는데, 세종은 끝까지 밀어붙였다.

세종은 또한 장영실과 함께 경회루 북쪽에 석축간의대를 세웠다. 천문을 관측하는 간의대에서 서운관 학자들이 천체를 관측하여 절기와 날씨를 예측했다. 장영실은 특히 천체의 운행과 그 위치를 측정하여 천문시계의 구실을 하는 혼천의를 이곳 석축간의대에 설치해 밤의 시간과 절기를 더욱 정확하게 측정했다. 세종은 그 공로를 인정하여 장영실에게 정3품의 상호군의 벼슬을 하사했다. 노비였던 장영실에게는 파격적인 승진이 아닐 수 없었다.

신하들의 극심한 반대를 무릅쓰고 노비였던 장영실을 중용해 눈부신 성공을 거둔 세종. 이 역시 백성들을 생각하는 애민정신의 결과물이었다.

공격이 최선의 방어다

"윽! 또 늦잠을 잤나?"

창문을 통해 들어온 햇살에 놀란 선재가 침대 위에서 벌떡 몸을 일으켰다. 시계를 보니 일곱 시를 막 넘어서고 있었다.

"휴우…… 다행히 오늘은 지각하지 않겠네."

안도의 한숨을 내쉬던 선재의 눈에 침대 위에 아무렇게나 놓여 있는 '위대한 왕 세종'이 들어왔다. 물끄러미 책을 들여다보던 선재가 나직이 중얼거렸다.

"세종대왕이 과학 발전에 매달린 것은 백성들을 위해서

였어. 그래서 장영실을 등용했고, 앙부일구, 혼천의, 자격루, 측우기 등을 만들어낼 수 있었던 거야. 아빠는 결국 나도 세종대왕처럼 우리 축구부의 현실을 과학적으로 살펴보고, 장영실처럼 뛰어난 인재를 발탁하라고 말하고 싶었던 걸까?"

곰곰이 생각하던 선재가 굳은 얼굴로 침대 아래로 내려섰다.

"그래도 센터포워드 포지션을 포기할 수는 없어."

오후 훈련이 시작되자마자 아빠가 부원들을 모아놓고 발표했다.

"기뻐해라. 드디어 다른 학교와의 연습 경기 일정이 잡혔다."

선재와 부원들이 어리둥절한 표정으로 서로의 얼굴을 보았다.

"갑자기 웬 연습 경기?"

"대체 어느 팀하고 붙는 거야?"

궁금증은 곧 풀렸다.

"우리는 전진초등학교와 붙는다."

"으엑! 전진초등학교라고?"

"지난 춘계대회에서 우리에게 5:0으로 이긴 팀이잖아!"

"지역 강자인 전진초등학교를 우리가 어떻게 이겨?"

부원들이 당황했지만 아빠는 천하태평이었다.

"원래 연습 경기는 강팀하고 붙어야 효과가 있는 법이다. 그런 의미에서 오늘은 우리끼리 팀을 나눠서 연습 경기를 해보도록 하겠다. 우리 축구부는 5학년이 11명이고, 3, 4학년이 11명이지? 5학년 청팀과 3, 4학년 백팀으로 나누어 시합해보자."

선제가 피식 헛웃음을 흘렸다.

"그렇게 나누면 전력 차이가 너무 심해서 시합 자체가 안 될 텐데요?"

"그래서 주장을 백팀으로 보낼 생각이다."

"예에? 저를요?"

"그래."

의미심장하게 미소 짓는 아빠의 얼굴을 선재가 의심스럽

게 쳐다보았다.

"제가 간다 해도 상대가 되지 않을걸요."

"나는 대등한 경기가 될 거라고 보는데? 단, 주장은 센터포워드가 아니라 중앙미드필더를 맡는다."

"……!"

선재는 그제야 아빠의 꿍꿍이를 알 것 같았다. 아빠는 연습 경기를 통해 자신에게 센터포워드보다는 중앙미드필더가 어울린다는 사실을 확인시키려는 것이다.

'흥, 어림도 없는 일이지! 이 경기는 청팀이 10:0으로 이기게 될걸.'

선재의 예상대로 경기는 초반부터 청팀의 일방적인 우세로 진행되었다. 아직 5학년에 비해 3, 4학년은 체력적으로나 기술적으로나 한참 떨어졌다. 백팀은 연달아 골을 허용했고, 스코어는 순식간에 2:0으로 벌어졌다.

"쳇, 애초에 상대가 되지 않는다니까."

하프라인을 넘어서며 툴툴거리는 선재의 어깨를 찬영이

와 현수가 툭 치고 지나갔다.

"미안하다."

"감독님 지시니 어쩌겠냐?"

선재는 소리라도 지르고 싶은 걸 억지로 참았다. 하지만 시간이 흐를수록 경기는 예상치 못한 방향으로 진행되었다. 백팀은 조금씩 기운을 차리면서 더 이상 실점을 하지 않았다. 수비가 되자 공격에도 힘이 실렸다. 방심하고 있던 청팀이 오히려 허둥대기 시작했다.

백팀의 변화를 이끈 선수는 바로 선재였다. 중앙미드필더 포지션이 조금씩 익숙해지면서 선재는 미드필드에서 청팀의 역습을 효과적으로 차단했고, 동시에 자기 대신 센터포워드로 뛰고 있는 유빈이에게 패스를 연결했다.

"으앗!"

다시 역습을 시도하는 찬영이의 공을 빼앗은 선재가 전방으로 빠르게 파고드는 유빈이에게 길게 패스를 연결했다. 패스를 받은 유빈이 풀백 한 명을 젖히더니, 페널티에어리어로 돌진했다.

뻥!

"와아아!"

유빈의 강력한 슛이 골망을 가르자 3, 4학년 사이에서 환호성이 터져 나왔다. 유빈이 제일 먼저 선재에게로 달려왔다. 그리고 우물쭈물하는 선재를 와락 끌어안았다.

"정말 멋진 패스였어, 선배!"

"하하!"

유빈이에게 안긴 채 어색하게 웃는 선재를 찬영이와 현수가 멍하니 쳐다보았다.

경기는 결국 3:3 무승부로 끝났다. 경기가 끝나고 집합한 땀투성이의 부원들을 아빠가 흐뭇하게 둘러보았다.

"오늘 경기 즐거웠나?"

"예에!"

"모두 수고했다. 힘차게 파이팅을 외치며 해산하자."

이때 선재가 팔을 들었다.

"주장, 할 말이 있나?"

"예."

"이리 나와서 해봐라."

아빠 옆에 서서 부원들의 얼굴을 둘러보던 선재가 착 가라앉은 소리로 말했다.

"오늘부터 우리 팀의 포지션을 일부 변경하려고 해."

부원들도 어느 정도 예상하고 있었던 듯 입을 꾹 다문 채 선재를 주시했다. 선재의 시선이 유빈이에게로 향했다.

"나는 유빈이의 자리인 중앙미드필더로 내려가고, 유빈이는 내 자리인 중앙공격수로 이동시킬 생각이야."

"아……."

유빈이의 입에서 짧은 신음이 새어나왔다. 찬영이와 현수가 걱정스런 표정을 지었다.

"정말 괜찮겠어?"

"선재 너는 대표팀 센터포워드가 되는 게 꿈이었잖아."

선재가 이를 악물며 스스로를 달래듯 중얼거렸다.

"세종대왕은 조선의 과학을 발전시키려고 노비였던 장영실까지 발탁했어. 나도 우리 축구부를 위해 유빈이에게 포지션을 양보하려는 거라구."

선재의 목소리가 너무 작았기 때문에 부원들은 잘 알아듣지 못했다. 아빠만 측은한 눈으로 선재의 옆얼굴을 보았다.

다음 날부터 선재와 부원들은 더욱 열심히 훈련에 집중했다. 유빈이 센터포워드로 나서고, 선재는 유빈이의 후미에서 공격을 돕는 중앙미드필더를 맡았다. 하프라인을 넘어 공을 드리블하며 들어가던 선재의 앞을 수비수가 막아섰다. 선재가 수비수를 제치고 왼쪽으로 치고 들어가는 찬영이에게 패스했다. 터치라인을 따라 올라가던 찬영이 골문을 향해 쇄도하는 유빈이를 향해 센터링을 길게 날렸다.

"최유빈, 받아라!"

유빈이 논스톱으로 강하게 슈팅을 때렸다.

출렁~

골키퍼를 뚫고 공이 골망을 갈랐다. 유빈이 주먹을 번쩍 쳐들며 환호했다.

"꺄호!"

좌우 윙어인 찬영이와 현수가 달려와 유빈을 얼싸안았다.

"최유빈, 잘했어."

"이 녀석 제법인걸."

선재는 약간 떨어진 곳에 우두커니 서서 유빈이와 기쁨을 나누는 찬영이, 현수를 바라보았다. 두 친구와 골의 기쁨을 나누는 것은 언제나 선재의 몫이었다. 가슴 한복판에 커다란 구멍이 뚫린 듯 상실감이 밀려들었다. 찬영이와 현수가 그런 선재를 발견하고 유빈이로부터 재빨리 떨어졌다. 유빈이도 슬금슬금 선재의 눈치를 살폈다.

"……."

딱딱하게 굳어 있던 선재가 빙긋 웃으며 유빈이를 향해 다가갔다. 그리고 기특하다는 듯 유빈이의 어깨를 두드렸다.

"녀석, 이 선배가 포지션을 양보한 보람이 있구나. 하지만 이번 골도 선배의 발끝에서 시작됐다는 걸 잊지 마라."

"고마워, 선배."

그제야 유빈이도 안심한 듯 환하게 웃었다. 유빈이와 어깨동무를 한 채 선재가 주먹을 번쩍 쳐들었다.

"빛나리초등학교 파이팅!"

"파이팅!"

"파이팅!"

나머지 부원들도 선재를 따라 주먹을 쳐들었다. 부원들의 얼굴에는 오랜만에 자신감이 넘쳐흘렀다. 터치라인 밖에서 부원들을 지켜보는 아빠와 세영이의 얼굴에도 미소가 걸렸다.

"선재와 유빈이가 의외로 잘해주는데요."

"아직 멀었어."

"왜요, 마음에 들지 않으세요?"

"그게 아니라 우리 축구부가 안고 있는 문제점은 공격수 한 명 바꿨다고 해결되진 않을 거란 말이다."

"그래도 계속 땀 흘려 훈련하다보면 나아지겠죠."

"나도 그러리라 기대한다만……."

말끝을 흐리는 아빠의 얼굴을 세영이 걱정스럽게 보았다.

화창한 토요일 오전, 드디어 연습 경기 날이 되었다. 긴장된 표정으로 운동장에 서 있는 선재와 부원들의 눈에 교문을 통과해 들어오는 미니버스가 보였다. 버스 옆면에 -최강 전진초등학교 축구부-라는 글자 스티커가 붙어 있었다. 괜히 기가 죽어 선재가 나직이 투덜거렸다.

"쳇, 우리도 버스 한 대 장만하든지 해야지 안 되겠군."

끼익!

모래먼지를 일으키며 버스가 선재 앞에 멈춰 섰다. 문이 열리며 전진초등학교 선수들이 내리기 시작했다. 하나같이 시건방져 보이는 모습을 마주하자마자 선재는 미간을 찌푸렸다. 그동안 맞대결 전적 5전 5패. 그리고 지난 춘계 대회 때는 5:0의 치욕을 안겨준 팀이니 어쩌면 당연한 반응이었다.

"으하암~ 토요일에 쉬지도 못하고 웬 연습 경기?"

"게다가 상대가 빛나리초등학교라니!"

"이런 약팀과의 경기가 무슨 도움이 되겠어?"

선재와 부원들 앞에 늘어서며 전진초등학교 선수들이 노

골적인 비웃음을 흘렸다. 선재가 발끈했다.

"이 녀석들이 우릴 뭘로 보고?"

세영이와 나란히 서서 지켜보기만 하던 아빠가 재빨리 선재를 가로막고 나섰다. 그리고 전진초등학교 감독님을 향해 반갑게 손을 내밀었다.

"어서 오십시오, 선배님. 이렇게 와주셔서 감사합니다."

"후배의 부탁을 거절할 수야 있나? 오늘 좋은 시합을 해보세."

"감사합니다."

전진초등학교 감독님과 악수를 나누는 아빠를 지켜보며 선재가 어금니에 힘을 주었다.

'오늘만큼은 반드시 설욕할 테니 두고 봐라!'

선재가 옆쪽에 서 있는 유빈이를 힐끗 보았다. 오랫동안 국가대표 센터포워드를 꿈꿨던 선재가 자신의 꿈을 포기하면서까지 빛나리초등학교 축구부는 변화를 시도했다. 저 건방진 전진초등학교 녀석들도 이번만큼은 코가 납작해질 것이다.

아빠가 선재와 부원들을 향해 돌아서며 빙그레 미소 지었다.

"자, 이제 시작해볼까?"

선재가 당황스런 표정으로 물었다.

"작전 지시 같은 건 없나요?"

"연습 경기에 무슨 작전씩이나? 지금껏 훈련해왔던 걸 연습해본다는 마음으로 가볍게 해보렴."

"쳇, 이럴 거면 감독님이 왜 필요한지 모르겠네."

"뭐라고?"

"아무것도 아니에요. 얘들아, 이쪽으로 모여봐."

찬영, 현수, 유빈이를 비롯한 부원들이 선재를 중심으로 빙 둘러섰다. 선재가 한동안 말없이 부원들의 얼굴을 둘러보다가 비장한 목소리로 말했다.

"나는 저 건방진 녀석들을 꼭 한번 이겨보고 싶어. 너희들도 그렇지?"

"당연하지."

"우린 그동안 열심히 연습했어. 분명 땀 흘린 대가를 얻을 수 있을 거야."

선재가 유빈이를 휙 돌아보았다.

"특히 유빈이 네가 잘해야 해. 알았지?"

"응!"

"좋아, 파이팅 한번 하자."

선재가 손등을 내밀었다. 찬영이와 현수, 유빈이 그 손등 위에 차례로 손을 얹었다.

"빛나리 빛나리 파이팅!"

삐이익-!

심판의 호각 소리와 함께 축구공이 화창한 하늘로 솟구쳤다. 볼을 잡은 선재가 빠르게 상대 진영으로 치고 들어갔다. 수비수 한 명이 선재를 따라붙었다. 수비수를 따돌리고 드리블하는 선재의 정면에서 수비수 두 명이 덤벼들었다. 선재가 공을 재빨리 우측의 현수에게 패스했다. 현수가 골라인 근처까지 치고 올라가 센터링을 올렸다. 순간 골문으로 뛰어들던 유빈이 힘껏 점프하며 헤딩슛을 날렸다.

"으아아!"

상대편 골키퍼가 아슬아슬하게 공을 막아내자 선재와 부원들의 입에서 아쉬운 탄식이 새어나왔다. 하지만 상대의 간담을 서늘하게 만들기 충분한 공격이었다. 여유가 넘치던 전진초등학교 선수들의 얼굴에 당황하는 기색이 역력했다.

경기의 초반 주도권은 빛나리초등학교에서 잡았다. 선재는 미드필더에서 효과적으로 볼을 배급했고, 좌우 미드필더인 찬영이와 현수는 저돌적으로 상대편 사이드로 파고들었다. 두 사람이 센터링한 공을 유빈이 위협적인 슈팅으로 마무리했다. 골인이 될 만한 아슬아슬한 슈팅도 두세 번이나 있었다. 선재는 용기백배하여 더욱 세차게 상대팀을 몰아붙였다.

"유빈아, 들어가!"

이번엔 찬영이 전방의 유빈이에게 직접 빠른 패스를 연결했다. 공은 수비수 두 명 사이로 빠져나가 정확히 유빈이의 발에 닿았다. 유빈이 그대로 몸을 빙글 돌리며 상대

편 페널티에어리어 안으로 드리블했다.

"흥, 어림없다!"

"아앗!"

그런데 상대팀 풀백이 슬라이딩하며 유빈이의 공을 빼앗는 것이 아닌가. 동시에 빠른 역습이 시작되었다. 선재가 미처 손을 써보기도 전에 상대팀 공격수들은 하프라인을 넘어 빛나리초등학교 골문으로 향했다. 선재가 필사적으로 뒤쫓으며 소리를 질렀다.

"풀백! 빨리 수비 보강해!"

하지만 이미 늦었다. 빛나리초등학교 풀백 두 명을 제친 공격수가 힘차게 슛을 쏘았다.

출렁~

"와아, 골인이다!"

선재는 멍하니 서서 환호하는 전진초등학교 선수들을 바라보았다.

"이, 이럴 수가……!"

온몸의 힘이 쭉 빠져버리는 것 같았다. 선재뿐 아니라 다른 부원들도 망연한 표정들이었다. 선재가 공을 몰고 센터 써클로 다가가며 기합을 질렀다.

"괜찮아! 괜찮아! 빛나리 파이팅!"

"……."

이번에는 아무도 호응하지 않았다. 빨리 골을 만회해서 분위기를 반전시키고 싶은 마음에 선재가 서둘러 패스했다. 하지만 경기는 선재의 뜻대로 풀리지 않았다. 단 한 번의 역습에 골을 허용하자 부원들은 불안해졌고, 이전처럼 힘차게 공격할 수가 없었다. 자신들도 모르게 수비적으로 경기를 풀어가기 시작했고, 이것은 결국 독이 되었다.

삐이익-!

"경기 종료!"

심판의 종료 휘슬이 울렸을 때, 스코어는 어느새 5:1이 되어 있었다. 경기 종료 직전 선재가 이를 악물고 드리블해 들어가 중앙으로 찔러 넣은 볼을 유빈이 골로 연결시켜 가까스로 영패는 모면했다. 하지만 그 정도로 만족할 수 없는 선재의 표정은 무참하게 일그러졌다.

"젠장, 하나도 나아진 게 없잖아."

그런 선재를 스쳐 지나가며 전진초등학교 선수들이 비릿하게 웃었다.

"큭큭…… 덕분에 잘 놀았다."

"다음에는 10:0으로 이겨줄게."

"끄으으……!"

선재가 분을 참지 못하고 부들부들 떨며 버스에 오르는 전진초등학교 선수들을 노려보았다. 이때 뒤쪽에서 누군

가의 손이 선재의 어깨를 짚었다. 힐끗 돌아보니 아빠가 세영이와 함께 서 있었다.

"고생했다. 아주 잘해주었어."

"잘하긴 뭘 잘해요!"

"!"

선재가 손을 뿌리치자 아빠가 흠칫 놀랐다. 선재가 눈물까지 글썽이며 소리를 질렀다.

"나는 아빠 말만 믿고 포지션까지 양보했어요! 그런데 아무것도 나아진 게 없잖아요!"

"으음……."

아빠가 씩씩대는 선재의 얼굴을 말없이 바라보았다. 부원들이 걱정스런 얼굴로 선재와 아빠의 주위로 모여들었다.

아빠가 한참만에야 낮게 깔리는 소리로 말했다.

"지난 경기에선 5:0으로 패했다지? 그래도 이번에는 한 골을 넣었잖니? 아쉽지만 발전이 있었던 건 사실이다."

"한 골 넣을 수 있었던 것도 연습 경기라 전진초등학교 녀석들이 방심했기 때문이에요."

"스스로를 비하할 필요는 없단다. 경기 초반 우리는 분명 대등한 경기를 펼쳤어. 그런데 한 골을 허용하자 당황하여 수비 위주로 바뀌면서 경기 전체의 균형이 깨져버렸지."

"골을 허용했으니 수비를 보강하는 게 당연하잖아요."

아빠가 확고한 표정으로 고개를 흔들었다.

"내가 분석한 바에 의하면 우리 팀은 수비보다는 공격에 능하다. 센터포워드인 유빈이는 물론이고, 좌우 미드필더인 찬영이와 현수도 상당히 공격적이지. 게다가 중앙미드필더인 선재 너도 단독으로 슛을 넣을 능력을 갖추고 있지 않니?"

"그럼 그동안은 왜 득점은 못 하고 실점만 했는데요?"

"오랫동안 패배만 반복하다보니 자신감을 잃었기 때문이야. 공격을 잘 풀어나가다도 일단 실점을 했다 하면 당황한 팀원들이 전부 수비에 매달리지. 당연히 상대편 선수들은 역습 걱정 없이 마음껏 공격을 퍼붓고, 너희들은 참패를 당할 수밖에 없었던 거다."

"으음······."

"너희들의 장점인 공격력으로 상대를 수비에 묶어둬야 실점도 줄일 수 있단다. 잊지 마라. 축구에선 공격이 최선의 방어라는 사실을!"

"……."

입술을 질끈 깨물고 아빠의 얼굴을 쏘아보던 선재가 코웃음을 치며 돌아섰다.

"흥, 이제 감독님의 말씀 못 믿겠어요."

부원들이 당황스런 눈으로 우두커니 서 있는 아빠와 운동장을 가로질러 멀어지는 선재의 뒷모습을 번갈아 쳐다보았다. 세영이 걱정스러운 얼굴을 하고선 중얼거렸다.

"선재가 충격을 크게 받은 것 같은데 괜찮을까요?"

"괜찮을 거다. 선재에게는 세종대왕이라는 훌륭한 스승이 있거든."

의미심장하게 미소 짓는 아빠의 얼굴을 세영이 의아한 듯 돌아보았다.

"선재야, 저녁 먹어야지?"

"……."

아빠가 방문을 열고 불렀지만 선재는 이불을 머리 위까지 끌어올린 채 대답하지 않았다. 아빠가 침대 옆으로 다가오는 게 느껴졌지만 선재는 이불을 내릴 생각을 하지 않았다. 아빠가 선재의 머리맡에 앉으며 부드럽게 말했다.

"경기는 이길 수도 있고, 질 수도 있는 거야. 한 번 패했다고 의기소침해질 필요는 없어."

선재가 이불을 박차고 일어나 앉았다.

"아빠가 감독으로 오면 조금은 달라질 줄 알았어요. 아빠는 한때 대표선수였고, 고등학교 감독까지 했으니 우리가 이길 수 있는 방법을 찾아줄 줄 알았다구요. 그런데 작전 지시도 내려주지 않고……."

선재의 눈을 들여다보던 아빠가 희미하게 미소 지었다.

"물론 필요한 때가 되면 아빠도 감독으로서 작전 지시를 내릴 생각이다. 하지만 아직은 아니야. 빛나리축구부는 기본기가 되어 있지 않은 상태이고, 그래서 지금은 너희들 스스로 문제점을 파악하면서 그것을 바로잡는 게 우선이야. 작전이 필요한 건 그 다음부터란다. 아빠의 말 무슨 뜻인지 알겠지?"

"아뇨, 모르겠어요."

"으음……."

선재의 얼굴을 물끄러미 보던 아빠가 어깨를 툭툭 두드려주곤 일어섰다.

"입맛 없으면 식사는 나중에 하렴. 단, 공격이 최선의 방어라는 말만은 잊지 말아라."

아빠가 나가고 방문이 닫혔다. 선재가 어금니를 질끈 깨물었다.

"공격이 최선의 방어라고? 만약 수비에 치중하지 않고 계속 공격했다면 10:0이 됐을지도 모른다구요."

선재가 옆에 놓여 있던 '위대한 왕 세종대왕'의 책장을 펼치며 다시 침대에 벌러덩 드러누웠다.

세종, 4군과 6진을 개척하다

 한겨울, 압록강 변에 위치한 함길도 여연 땅은 평화로운 오후를 맞이하고 있었다. 남자들은 꽁꽁 언 강에 구멍을 뚫고 낚시를 했고, 여인들은 강변 마을 우물가에서 빨래를 했다. 아이들은 추위도 잊은 채 팽이를 치며 놀았다.
 우투두두두!
 지축을 뒤흔드는 굉음이 울려 퍼진 것은 그때였다. 마을 사람들은 처음에는 지진이라도 난 줄 알고 어리둥절한 표정을 지었다. 그런데 지진이 아니었다. 얼어붙은 강을 건너 수천 명의 여진족이 말을 짓쳐오고 있었다. 짐승 가죽

털옷을 걸치고 긴 칼을 휘두르는 여진족은 지옥에서 뛰쳐나온 야차처럼 보였다.

"도망쳐!"

"아이들부터 숨겨!"

강 한복판에서 낚시를 하던 남자들이 마을을 향해 달리며 악을 썼다. 하지만 얼마 가지 못하고 여진족이 휘두른 칼날에 피를 뿌리며 고꾸라졌다. 하지만 여진족은 만족하지 못하고 피에 주린 승냥이 떼처럼 마을을 덮쳤다. 여인들이 남편의 죽음을 슬퍼할 겨를도 없이 아이들의 손을 잡고 뿔뿔이 도망쳤다.

"뛰어라!"

"잡히면 죽는다!"

연약한 여인들과

아이들이 말을 몰고 쫓아오는 여진족을 따돌릴 수는 없었다. 그들 중 몇몇은 살해당했고, 나머지는 끌려갔다.

"불을 질러라!"

여진족이 들고 있던 횃불을 초가집 지붕에 던졌다. 마을 전체가 곧 맹렬한 불길에 휩싸였다. 조선 백성들의 끔찍한 비명과 함께 검은 연기가 잿빛 하늘로 치솟았다.

"뭣이라? 여진족 족장 이만주가 압록강을 넘어 함길도 여연 땅을 짓밟았다고?"

용상에 앉은 세종이 편전의 좌우편에 늘어앉은 대신들을 향해 소리를 질렀다. 병조판서 조말생이 긴장된 얼굴로 보고를 계속했다.

"여진족 족장 이만주가 수천의 기마병을 이끌고 얼어붙은 압록강을 넘어 여연을 급습했다 하옵니다. 이 공격으로 아군 수백이 죽거나 상했나이다."

"백성들은…… 여연의 백성들은 어찌 되었소……?"

"여연 땅 여섯 개 마을이 잿더미로 변했습니다. 이만주는 남녀노소를 가리지 않고 살해하고 마을을 불태웠습니다. 남은 여인들과 아이들은 이만주가 강 건너로 끌고 갔습니다."

세종이 이를 악물었다.

"끌려간 여인들과 아이들은 어찌 되는 것인가?"

"여인들은 여진족의 첩이 되고 아이들은 노예가 될 것입니다, 전하! 으흐흑!"

조말생이 편전 바닥에 엎드려 눈물을 흘렸다. 온몸을 부들부들 떨며 분노를 짓누르던 세종이 버럭 고함쳤다.

"여진이 압록강과 두만강을 침범하여 북방을 어지럽힌 것이 어제 오늘의 일이 아니다! 과인은 즉시 군대를 파견하여 여진족을 토벌할 것이다!"

"현명하신 판단이옵니다, 전하!"

조말생은 머리를 조아렸지만 다른 신하들의 생각은 달랐다. 제일 먼저 영의정 황희가 반대하고 나섰다.

"전하, 겨울철에 군대를 일으키는 것은 불가하옵니다. 겨울에는 여름에 비해 군량미가 두 배로 들어가는데, 이는 국고에 막대한 부담을 안길 것입니다."

좌의정 맹사성과 우의정 허조도 거들었다.

"한양에서 함길도까지 군대가 도착하기도 전에 수많은 병사들이 얼어 죽을 것입니다."

"군량미가 부족하여 굶어 죽을 수도 있습니다. 부디 통촉하여 주시옵소서."

조말생을 제외한 모든 신하들이 반대하자 세종이 눈을 치켜떴다.

"그럼 함길도의 백성들은 어찌하란 말이오? 그들도 조선의 백성이오. 그 가련한 백성들을 과인이 모른 척하란 말이오?"

황희가 다시 말했다.

"전하, 함길도는 원래 우리의 힘이 미치지 않는 땅이었습니다. 차라리 함길도 변경의 백성들을 평안도로 이주시켜 안전하게 보살피심이 어떠할는지요?"

"참으로 좋은 생각이옵니다, 전하."

"그리하면 백성들을 지키기 훨씬 용이할 것이옵니다."

"으음……."

세종이 마음에 들지 않는 듯 미간을 찌푸렸다. 모든 신하들이 군대를 일으키는 것에 반대하고 나서자 병조판서 조말생마저 입을 다물었다. 이때 우렁찬 고함소리가 들려왔다.

"전하, 백성들을 평안도로 이주시키는 것은 불가하옵니다!"

세종과 신하들이 일제히 편전 입구를 쳐다보았다. 갑주를 입은 두 장수가 나란히 걸어 들어오는 게 보였다. 두 장수를 발견한 세종의 표정이 환해졌다.

"오, 함길도 도절제사 최윤덕 장군과 함길도 도관찰사 김종서 장군!"

수년간 함길도에서 여진족의 침략을 막아왔던 최윤덕과 김종서가 용상 앞에 무릎 꿇었다. 세종이 가장 신임하는 두 장군이 한양에 올라와 있는 동안 여진족이 함길도를 짓밟은 것이다.

세종이 만면에 미소를 띠고 최윤덕과 김종서를 향해 물었다.

"장군들의 생각을 솔직하게 말해보라."

최윤덕과 김종서가 차례로 머리를 조아렸다.

"즉시 군대를 파견해야 하옵니다! 함길도는 태조대왕의 옛 근거지로

흥왕의 땅이 아니옵니까?"

"여진족이 압록강과 두만강을 수시로 넘어와 함길도를 마치 자신의 영토처럼 휘젓고 있습니다. 이대로 두면 북방의 영토를 영영 잃게 될 것이옵니다."

"장군들의 말이 과연 옳다."

고개를 주억이는 세종을 향해 황희가 강한 어조로 말했다.

"전하께서 불철주야로 노력하신 덕에 나라가 이제야 발전하기 시작했습니다. 이럴 때 대규모 병력을 일으킨다면 백성들이 다시 도탄에 빠질 수도 있습니다."

"하지만 함길도의 백성들도 과인의 백성들이 아니오?"

"소신은 오래전부터 함길도의 백성들을 남쪽으로 이주시킬 것을 건의 드렸습니다. 사실 척박한 그 땅에서 살고 있는 백성들의 숫자는 얼마 되지도 않습니다. 어찌 보면 백성들의 비극은 땅을 지키겠다는 일념으로 그들을 그곳에 방치한 전하의 책임인지도 모릅니다."

"함길도 백성들의 비극이 과인의 책임이라고……?"

세종이 충격 받은 표정으로 중얼거렸다. 최윤덕이 눈을

치켜뜨고 황희를 돌아보았다.

"아무리 영의정 대감이라도 말씀이 지나치시오."

황희가 편전 바닥에 이마를 찧으며 울먹였다.

"전하, 불충한 소신에게 중벌을 내려주시옵소서."

세종이 어두운 얼굴로 손을 내저었다.

"직언한 영의정을 벌할 정도로 과인이 옹졸하진 않소. 군대의 파병 문제는 추후 다시 의논할 테니, 오늘은 그만 물러들 가시오."

신하들이 물러간 후에도 세종은 한 손으로 턱을 괸 채 깊은 고민에 잠겼다. 용상 옆에는 오직 내시부사만이 그림자처럼 조용히 서 있었다. 어느새 편전의 창문을 통해 노을빛이 스며들었지만 세종은 미동도 하지 않았다.

"전하, 날씨가 차갑습니다. 그만 강녕전으로 드시지요."

"내시부사."

"예, 전하."

"너는 영의정의 말에 대해 어찌 생각하느냐?"

"무슨 말씀이시온지……?"

"함길도 백성들의 비극이 과인의 책임이라고 하지 않더냐?"

내시부사가 황망히 허리를 조아렸다.

"영의정이 나라를 걱정하는 마음에서 충언을 드린 것이옵니다. 신경 쓰지 마시옵소서."

"그러면 영의정의 말대로 함길도를 포기하고 백성들을 보다 남쪽인 평안도로 이주시켜야겠느냐? 그게 과연 옳은 일이겠느냐?"

"전하, 미천한 소인이 어찌 그런 것을 알겠사옵니까?"

"너도 모르겠다면 직접 가보는 수밖에!"

세종이 박차고 일어나자 내시부사가 화들짝 놀랐다.

"가시다니요? 어디를 말씀입니까?"

"과인이 함길도로 내려가 상황을 직접 살펴보겠다는 것이다!"

"……!"

우투투투투!

네 필의 말이 눈보라를 헤치고 한양에서 의주까지 뚫린 서북면 대로를 치달렸다.

"끼랴~ 끼랴~"

선두에서 박차를 가하는 사람은 흑립을 눌러쓰고 솜을 누빈 철릭을 입은 세종이었고, 필사적으로 왕을 뒤쫓는 세 사람은 내시부사와 함길도 도절제사 최윤덕, 도관찰사 김종서였다. 최윤덕이 세종의 옆으로 따라붙으며 소리를 질렀다.

"전하, 함길도는 전쟁터입니다! 금군도 거느리지 않고 밀행하시는 것은 위험천만한 일입니다!"

"과인은 과인의 백성들을 직접 만나볼 것이오."

세종이 고집을 꺾지 않고 속도를 높였다. 최윤덕과 김종서가 걱정스런 얼굴로 따라붙었다.

두어 시간마다 역참에 들러 말을 바꿔 타며 달린 덕분에 세종 일행은 다음 날 오후 늦게 의주에 도착했다. 의주성은 이미 압록강변의 여연, 무창, 자성에서 피난 온 난민들로 넘쳐나고 있었다. 남자들은 대부분 부상을 당했고, 여자들과 아이들은 겁에 질려 있었다.

우울한 눈으로 꾸역꾸역 밀려드는 피난민들을 지켜보는 세종의 옆으로 최윤덕이 다가왔다.

"전하, 일단 의주 목사의 관사로 듭시어 몸을 녹이소서. 옥체 상하실까 걱정되옵니다."

세종이 고개를 가로저었다.

"저 백성들을 보아라. 과인이 어찌 마음 편하게 구들장에 몸을 눕힐 수 있겠느냐?"

"망극하옵니다, 전하."

"여연으로 갈 것이다. 가서 백성들이 얼마나 처절하게 당했는지 볼 것이다."

최윤덕과 김종서가 깜짝 놀라 만류했다.

"너무 위험하옵니다, 전하!"

하지만 세종의 고집을 누군들 꺾을 수 있겠는가? 그날 자정 넘어 세종은 기어이 여연을 향해 출발했다. 이번에는 다행히 의주성을 지키던 기병 오십이 임금을 호위하기로 했다.

새벽이 뿌옇게 밝아올 무렵, 세종 일행은 여연 땅에 도착했다. 천천히 말을 몰고 불타버린 마을로 들어서는 세종의 입에서 신음이 새어나왔다.

"맙소사…… 이건 너무 참혹하지 않은가?"

마을은 잿더미로 변해 있었다. 폭삭 주저앉은 채 흰 연기를 뭉클뭉클 피워 올리는 초가집들 사이로 검게 그을린 시체들이 뒹굴었다. 세종이 마을 한복판에서 말에서 내렸다.

"아무도 없는 건가? 진정 살아남은 백성은 단 한 명도 없는 거야?"

창백한 얼굴로 마을을 서성이는 세종을 최윤덕과 김종서가 말렸다.

"전하, 돌아가셔야 합니다. 언제 여진족이 나타날지 모릅니다."

"허허……! 태조 할아버지께서 다스리던 이 땅에서 조선의 임금인 과인이 단 일각도 머물 수가 없다는 말이냐?"

"망극하옵니다, 전하."

"도, 도와주세요……."

어린아이의 가녀린 목소리가 들려온 것은 그때였다. 세종은 물론 최윤덕과 김종서도 흠칫 고개를 돌렸다. 반쯤 타다 만 창고 안에서 예닐곱 살 정도 된 사내아이가 엉금엉금 기어 나오는 게 보였다. 세종이 아이를 향해 달려갔다.

"오오, 살아 있는 아이가 있었구나! 애야, 괜찮으냐?"

세종이 아이를 와락 안아 일으켰다. 아이가 겁에 질린 눈으로 세종의 얼굴을 보았다.

"괜찮다. 나는 조선의 왕이니라."

"임금님이시라고요? 도성에 살고 계시는 조선에서 가장 높은 그 분이오?"

"그래, 내가 바로 그 사람이다."

사내아이의 눈에 눈물이 그득히 차올랐다.

"다 죽였어요……. 야인들이 쳐들어와서 아빠도, 엄마도, 누이도 다 죽여버렸어요……."

세종이 와들와들 떠는 아이를 와락 끌어안았다.

"그래, 그래. 내가 너를 안전한 남쪽으로 데려가주마. 다시는 야인들에게 시달리지 않고 살게 해주마."

"싫어요!"

"!"

아이가 가슴을 확 밀치자 세종이 움찔했다.

"애야, 왜 그러니?"

"가족들 모두 이 땅을 지키다가 죽었어요. 그런데 나만 혼자 살겠다고 도망치고 싶지 않아요. 아빠가 이곳도 분명 조선의 땅이라고 말했어요. 우리도 조선의 백성이라고 말했어요. 그러니까 임금님이 지켜주시는 게 당연하잖아요."

"……!"

세종이 충격 받은 눈으로 씨근덕거리는 아이의 얼굴을 들여다보았다. 최윤덕과 김종서의 표정도 숙연해졌다. 한참만에야 세종이 빙그레 웃으며 사내아이의 머리를 쓰다듬었다.

"네 말이 옳다. 이곳도 분명 조선의 땅이고, 이곳에 살고 있는 백성들도 분명 과인의 자식들이지. 네가 임금인 나보다 오히려 똑똑한 것 같구나."

"……."

"최윤덕, 김종서!"

"예, 전하!"

아이의 손을 잡고 두 장군을 향해 돌아서는 세종의 눈이 햇불처럼 빛났다.

"과인은 도성으로 돌아가는 즉시 군사를 일으킬 것이다. 두 장군은 우리 땅과 우리 백성을 유린한 여진족을 응징할 계획을 수립하라."

"명을 받들겠나이다, 전하!"

"이번 전쟁은 단순히 여진족을 몰아내는 것이 목적이 아니다."

"여진족을 몰아내는 전쟁이 아니라 하시면……?"

세종이 눈빛이 더욱 밝아졌다.

"과인은 함길도를 침범한 여진족을 완전히 몰아낸 후, 압록강변에 4군을 설치하고 두만강변에 6진을 설치하여 저들이 다시는 우리 영토와 백성을 넘보지 못하도록 할 것이다."

"4군과 6진……?"

두 장군이 눈을 크게 뜨고 서로의 얼굴을 마주보았다. 장군들이 세종 앞에 무릎 꿇으며 용맹하게 외쳤다.

"참으로 영민하신 결정이십니다, 전하!"

"소장들이 목숨을 걸고 4군 6진을 개척하겠나이다!"

한양으로 돌아오자마자 세종은 대신들을 편전으로 불러들였다. 이 자리에서 여진족을 몰아내기 위해 군대를 일으키는 문제가 다시 논의되었다. 삼정승과 대부분의 신하들이 반대했지만 이번만은 세종의 의지를 꺾을 수 없었다. 여러 가지 이유를 들어 반대하는 신하들을 향해 세종은 확고한 목소리로 말했다.

"함길도 북쪽의 땅도 분명 조선의 영토이고, 그곳에 살고 있는 백성들도 분명 과인의 자식들이오. 그들 중 단 한 명이라도 포기한다면 과인이 어찌 조선의 임금이라고 자부할 수 있겠소? 경들이 과인을 임금이라 인정한다면 더 이상 반대하지 말아주시오."

세종이 이렇게까지 나오자 극구 반대하던 황희조차 입을

다물고 말았다.

 결국 이듬해 1월, 세종은 기병 1만과 보병 5천으로 이루어진 대규모 병력을 일으켰다. 그리고 함길도 도절제사 최윤덕과 도관찰사 김종서로 하여금 여진족을 토벌하도록 했다. 세종의 의지를 누구보다 잘 알고 있는 최윤덕과 김종서는 죽을힘을 다해 싸웠다. 여진족 족장 이만주가 수천의 기병을 몰아 대항했지만 조선군은 대승을 거두었다. 여진족 수백이 죽고, 수백이 포로로 잡혔다. 이만주는 간신히 살아남아 패잔병들을 이끌고 압록강을 건너 도망쳤다. 최윤덕은 여세를 몰아 함길도에 남아 있는 여진족을 깨끗이 소탕하고, 압록강 상류인 여연, 자성, 무창, 우예에 4군을 설치했다. 이후 4군은 서북면을 지키는 전략적 요충지가 되었다.

 세종의 북방 개척의 의지는 여기서 멈추지 않았다. 세종은 김종서를 시켜 두만강 하류에 진을 치고 있는 여진족의 무리를 치도록 했다. 오랜 전쟁 끝에 김종서는 끈질기게 저항하는 여진족을 물리치고 종성, 온성, 회령, 경원, 경흥, 부령에 6진을 설치했다. 세종은 우리 백성들의 숫자가 부족한 이곳에 남쪽 지방의 백성들을 이주시키는 사민정책을 실시하여 이곳을 완전히 조선의 영토로 만드는 데 심혈을 기울었다. 이때에 이르러서야 압록강에서 두만강으로 이어지는 조선의 국경선이 확립되었다.

창조적인 플레이를 펼쳐라

"으음……."

아침 햇살이 환하게 비추는 방안에서 눈을 뜨자마자 선재는 신음을 흘렸다. 공격이 최선의 방어라는 아빠의 말이 떠올랐기 때문이다. 지난 밤 읽다가 잠들었던 책에서 세종대왕이 4군과 6진을 개척했던 내용도 함께 떠올랐다. 사실 세종대왕이 조선의 북방을 어지럽히는 여진족을 공격해 백성들을 구하고, 영토를 넓히는 부분은 지금껏 읽었던 이야기 중에서 가장 흥미롭고 박진감이 넘쳤다.

"흐음…… 역시 공격이 재미있는 건가?"

저도 모르게 중얼거리며 선재가 몸을 일으켰다. 아침 햇살이 풍성하게 쏟아지는 창문을 보며 골똘히 생각에 잠겨 있던 선재가 고개를 세차게 가로저었다.

"위인전은 위인전일 뿐이야. 축구와는 다르다고."

잡념을 떨치려는 듯 침대 밖으로 서둘러 내려선 선재가 방문을 열어젖혔다.

수업이 끝난 오후에 훈련이 시작되었다. 어제의 패배 때문인지 부원들 모두 어깨가 축 늘어져 있었다. 당연히 훈련이 제대로 될 리가 없었다. 패스는 엉뚱한 방향으로 향했고, 슛은 하늘로 솟구쳤다. 찬영이, 현수, 유빈이를 비롯한 부원들 전체가 몸이 무거워 보였다.

세영과 함께 훈련을 지켜보던 아빠가 부원들을 소집했다. 지치고 피곤한 부원들의 얼굴을 둘러보던 아빠가 빙긋 웃었다.

"너희들 모두 공격적인 축구를 하라는 내 말을 허투루 들은 모양이구나? 오늘은 어째 더 수비적으로 보이니 말이다."

선재가 비꼬는 투로 대답했다.

"공격적으로 하든 수비적으로 하든 어차피 결과는 같을 테니까요."

아빠의 눈꼬리가 슬쩍 올라갔다.

"그래서 시도도 해보지 않고 포기하겠다는 거냐?"

"포기는 감독님이 먼저 하신 거 아닌가요? 솔직히 저희한테 변변한 기술 하나 가르쳐주지 않으셨잖아요."

"어떤 기술이 배우고 싶은데? 슛 기술? 아니면 패스 기술? 그 정도는 이미 다 알고 있는 거 아닌가? 빛나리초등학교 축구부에 정말 필요한 것은 팀 전체를 변화시킬 수 있는 방법을 너희들 스스로 찾아내는 거다."

"솔직히 무슨 말씀인지 잘 모르겠어요."

"으음……."

노골적으로 반항하는 선재의 얼굴을 아빠가 답답한 듯 쳐다보았다. 다른 부원들도 주장인 선재에게 동조하고 있는 것처럼 보였다. 턱을 매만지며 고민하던 아빠가 불쑥 말했다.

"오늘도 청팀과 백팀으로 나누어 연습경기를 해보자. 어제와 마찬가지로 5학년이 청팀, 3,4학년이 백팀을 맡는다."

선재가 불만 가득한 얼굴로 물었다.

"이번에도 저는 백팀으로 뛰는 건가요?"

"아니, 선재도 청팀이다."

"예? 그럼 아예 상대가 안 될 텐데요?"

"단, 조건이 있다. 청팀은 수비적으로 경기를 진행하고,

백팀은 공격적으로 경기를 풀어나가는 거다."

아빠의 의도를 알아차린 선재가 코웃음을 쳤다.

"그런다고 결과가 바뀌진 않을 겁니다."

"축구공은 둥글고, 승패는 장담할 수 없는 법이지."

서로를 뚫어져라 쏘아보는 선재와 아빠를 세영이와 부원들이 긴장된 눈으로 지켜보았다.

경기의 흐름은 초반부터 선재의 예상을 빗나갔다. 3, 4학년의 파상적인 공격이 이어지자 5학년은 막기에 급급했다. 골문을 향해 쇄도하는 유빈이를 쫓으며 선재가 고래고래 소리를 질렀다.

"찬영아! 현수야! 유빈이를 막지 않고 뭐하고 있어?"

순간 정면 돌파를 시도할 줄 알았던 유빈이 좌측으로 패스했다. 패스를 받은 백팀의 레프트윙이 지체 없이 센터링을 올렸다. 청팀 수비수들이 우왕좌왕하는 사이 공은 정확히 유빈이의 머리 위로 떨어졌다.

출렁~

"와아! 골인이다!"

유빈이 몸을 날리며 쏜 헤딩슛이 골망을 흔들었다. 환호하는 유빈이와 후배들을 지켜보며 선재가 숨을 헐떡였다.

"헉…… 헉헉……."

이상하게 공격을 퍼붓는 백팀보다 수비에 치중하는 청팀이 더 지치는 듯했다. 찬영이와 현수가 다가와 헐떡이며 말했다.

"이거 만만치 않은데."

"확실히 수비적으로 하는 게 더 힘든 거 같아."

"아니야! 수비적으로 해도 우리가 이길 수 있어!"

선재가 빽 소리치자 찬영이와 현수가 움찔했다. 선재가 성난 얼굴로 돌아섰다.

"아빠가 틀렸다는 걸 보여주고야 말겠어!"

하지만 선재는 자신의 목적을 이루지 못했다. 최종 스코어 2:1로 백팀에게 패했기 때문이다.

경기가 끝나고 집합한 상태에서 거친 숨을 몰아쉬는 부원들을 아빠가 희미하게 웃으며 바라보았다. 아빠와 시선이 마주치자 선재는 고개를 휙 돌려버렸다. 아빠가 미간을 살짝 찌푸리며 입을 열었다.

"세영아, 빛나리초등학교 축구부는 지금껏 어떤 포메이션을 사용해왔지?"

세영이 스마트폰 화면을 들여다보며 설명했다.

"기본적으로 4-4-2 포메이션을 사용해왔어요. 포백 4명, 미드필더 4명, 센터포워드 2명으로 구성된 포메이션이죠."

아빠가 고개를 끄덕였다.

"4-4-2 포메이션에선 두 명의 센터포워드와 윙어의 자리까지 올라온 좌우 미드필더가 공격에 가담한다. 총 4명이 공격에 가담하는 좀 더 수비적인 전술이라고 할 수 있지. 나는 우리 축구부가 좀 더 공격적인 4-3-3 전술을 써 보면 어떨까 생각하고 있단다."

"4-3-3 전술이라고요?"

눈을 크게 뜨는 선재를 보며 아빠가 설명했다.

"4-3-3 포메이션은 포백 4명, 미드필더 3명 그리고 좌우 윙어와 센터포워드 3명으로 구성된다. 4-4-2 포메이션과 차이가 있다면 좌우미드필더는 좌우 윙어를 따라 공격에 가담하고, 중앙미드필더만 수비적 역할을 담당하지. 총 5명이 공격에 가담하는 보다 공격적인 전술이라고 할 수 있다."

선재가 물었다.

"중앙미드필더인 제가 좀 더 수비에 치중해야겠군요?"

"그렇지."

"으음······."

아예 공격 가담이 힘들다는 말에 선재가 떨떠름한 표정을 지었다. 유빈이, 찬영이, 현수와 부원들이 숨을 죽인 채 선재를 주시했다. 센터포워드까지 양보한 선재가 이번만은 받아들이기 힘들 거라고 생각하는 눈치였다.

아니나 다를까, 선재가 아빠의 얼굴을 도전적으로 쳐다보며 말했다.

"전국대회까지 한 달밖에 남지 않았어요. 지금부터 4-4-2 포메이션을 4-3-3 포메이션으로 바꾼다고 해서 효과가 있을까요?"

"나는 그렇게 생각하고 있다."

"저는 별 효과가 없을 거라고 생각해요."

"방금 연습 경기를 통해 공격적인 플레이가 얼마나 도움이 되는지 확인했잖니?"

"……."

할 말이 없어진 선재가 입을 꾹 다물었다. 하지만 아빠에게 수긍하는 눈치는 아니었다. 아빠도 고집스럽게 굳어 있는 선재의 얼굴을 말없이 바라보았다. 팽팽한 긴장감을 흘리는 선재와 아빠를 부원들이 숨을 죽인 채 지켜보았다. 아빠가 한참만에야 착 가라앉은 소리로 입을 열었다.

"이대로 패배를 기다리느니 새로운 전술을 써보는 게 낫지 않을까? 힘들겠지만 너희들이 새로운 도전에 당당하게 나서주었으면 좋겠다."

부원들이 서로의 얼굴을 마주보며 고개를 끄덕였다. 하지만 선재는 여전히 입을 꾹 다문 채였다.

"패스! 이쪽으로 패스해!"

"젠장, 왼쪽으로만 파고드니까 계속 막히잖아!"

그 후 며칠 동안 선재와 부원들은 구슬땀을 흘리며 4-3-3 포메이션을 익히는 데 노력했다. 하지만 성과는 눈에 띄지 않았다. 청.백팀으로 나눠 실시한 연습 경기에서 좌우 미드필더와 좌우 윙어 그리고 센터포워드로 이루어진 공격진은 위협적이지 못했다. 당연히 공격을 강화해 부족한 수비를 보완하겠다는 계획도 들어맞지 않는 것 같았다.

"쳇, 제대로 하고 있는 건지 모르겠네!"

선재가 이마의 땀을 닦으며 짜증스런 눈으로 아빠 쪽을 돌아보았다. 아빠는 나무 그늘 아래의 벤치에 한쪽 다리를 꼬고 태평하게 앉아 있었다. 세영이는 아빠 옆에서 스마트폰의 기록장에 무언가 열심히 적고 있었다. 선재와 눈이 마주친 세영이 반갑게 손을 흔들었다. 선재는 또 얼굴이 빨개지며 고개를 획 돌려버렸다. 아빠가 자리에서 일어나 선재를 향해 어슬렁어슬렁 걸어왔다.

"어때, 잘 되어가고 있니?"

선재가 무뚝뚝하게 대답했다.

"감독님이 보시기엔 잘 되고 있는 것 같나요?"

"내 눈에는 비교적 잘 진행되고 있는 것처럼 보이는구나."

아빠의 말에 선재가 입맛을 쓰게 다셨다.

'으이그~ 물어본 내가 잘못이지.'

아빠의 표정이 문득 진지하게 변했다.

"그런데 한 가지 걸리는 게 있구나."

"또 뭐가요?"

"너희들의 공격은 너무 단조로워. 그래서 골이 잘 들어가지 않는 거야."

"공격이 단조롭다고요……?"

아빠가 또 무슨 말을 하려고 저러나 싶어 선재는 불안해졌다.

"세영아, 설명해주겠니?"

세영이 기다렸다는 듯이 입을 열었다.

"공격이 최선의 방어이긴 하지만 막상 골이 들어가지 못하면 결국 역습을 당하게 되어 있어. 공격을 퍼부었으면

반드시 골을 넣어야 한다는 뜻이야."

"누구는 골을 넣고 싶지 않아서 안 넣냐? 골이 안 들어가는 걸 우린들 어쩌겠어?"

"그래서 창조적인 플레이가 필요하다는 거야."

"창조적…… 플레이?"

고개를 갸웃하는 선재의 얼굴을 똑바로 쳐다보며 아빠가 말했다.

"세트피스라고 들어봤지?"

"축구에서 약속된 플레이를 말하는 거잖아요?"

"맞다. 프리킥이나 코너킥 혹은 페널티킥 등을 얻었을 때, 키커가 약속된 플레이로 킥을 하면서 상대의 문전에서 결정적 기회를 만들어가는 게 바로 세트피스야."

"그러니까 감독님은 지금 우리에게 세트피스를 연습하라고 하시는 건가요?"

"현대 축구에선 세트피스야말로 가장 창조적인 플레이라고 할 수 있다. 특히 확실한 골게터가 없는 팀의 경우 세트피스야말로 골을 넣을 수 있는 가장 좋은 수단이지."

"하지만 세트피스는 오랜 시간 반복적인 연습이 필요하잖아요?"

"당연하지."

"이제 전국대회까지 채 한 달도 남지 않았어요. 아직 4-3-3 전술도 완전히 익히지 못했는데, 세트피스까지 따로 연습할 시간이 어디 있겠어요?"

"흐음……."

턱을 어루만지던 아빠가 싱긋 미소 지었다.

"창조적인 플레이가 필요할지 필요 없을지는 너희가 결정해라. 나는 조언만 할 뿐이고……."

"결정은 저희들의 몫이라고요?"

"선재가 이제야 나의 지도 방식을 완전히 이해한 것 같구나?"

아빠가 선재의 머리카락을 헝클어뜨리며 기분 좋게 웃었다. 하지만 선재는 심술이 잔뜩 난 얼굴이었다.

"아, 나도 이제 정말 모르겠다."

훈련이 끝나고 집으로 돌아오자마자 선재는 침대에 털썩

주저앉았다. 아직 기본 전술도 다 익히지 못한 상태에서 다시 세트피스까지 연습하라는 아빠의 말을 도저히 이해할 수가 없었기 때문이다. 인터넷을 검색해보니, 다음 달로 다가온 월드컵에 대한 뉴스로 가득했다. 선재가 대표팀 선수들의 사진을 띄워놓고 하염없이 들여다보았다.

"월드컵이 열리는 올해 전국대회에서 만큼은 반드시 좋은 성적을 거두고 싶었는데…… 그래서 나도 언젠가는 대표팀 센터포워드가 되고 싶었는데……."

선재는 두 가지 꿈 중 하나도 이루지 못했다. 전국대회에서 좋은 성적을 거두긴 틀린 것 같고, 아빠 때문에 센터포워드 포지션까지 빼앗기고 말았다.

"아빠가 감독으로 부임한 이후 뭐 하나 되는 일이 없다니까. 창조적 플레이도 좋지만 이제 와서 어떻게 세트피스까지 연습하라는 건지, 원."

만사가 귀찮아진 선재가 침대에 벌러덩 드러누우며 '위대한 왕 세종' 책장을 펼쳤다. 집중해서 몇 페이지 읽는 동안 선재는 아빠에 대한 불만과 전국대회에 대한 걱정 따윈 까맣게 잊고 말았다. 선재는 어느새 우리 역사상 가장 창조적이었던 임금 세종의 이야기에 푹 빠져들었다.

세종, 한글을 창제하다

불과 스물두 살의 나이에 보위에 올랐던 세종도 어느새 귀밑머리가 희끗해졌다. 젊은 시절부터 백성들을 위해 제도를 만들고 과학기술을 발전시키기 위해 너무 많은 책을 읽은 세종은 이즈음부터 시력이 급격히 나빠지고, 건강도 눈에 띄게 악화되었다.

"전하, 옥체를 돌보셔야 하옵니다."

"전하, 부디 집현전에 머무는 시간을 줄이소서."

삼정승과 신하들이 극구 말렸지만 세종은 학문 연구에 기울이는 시간을 결코 줄이지 않았다. 임금이 건강조차 돌보지 않고 노력한 덕분에 조선은 놀라운 발전을 이루었다. 집현전을 중심으로 학문이 눈부시게 발전했고, 과학기술의 도움을 받은 농업 생산량이 급증했으며, 새로운 제도 속에서 백성들은 안전하게 보호받았다.

편전에서 각지의 지방관들이 올린 상소를 읽으며 세종이 흡족하게 미소 지었다.

"올 가을에도 풍년이라는군. 백성들이 배불리 먹고, 편안히 지낸다니 과인 또한 기쁘기 그지없도다."

세종이 밝은 표정으로 편전 좌우편에 앉은 신하들을 둘러보았다. 신하들이 앞다퉈 세종을 칭송했다.

"모두가 전하의 홍복이시옵니다."

"전하께서 그간 백성들을 위해 얼마나 노력을 기울이셨나이까?"

"백성들의 태평가가 팔도 방방곡곡에 울려 퍼지고 있다 하옵니다."

세종이 아이처럼 천진하게 웃었다.

"고마운지고…… 고마운지고……."

"내시부사, 빨리 좀 오너라. 왜 이리 굼벵이처럼 꾸물거리는 것이냐?"

가을이 깊어가는 저녁 무렵, 세종이 내시부사만 거느리고 궐 밖으로 밀행을 나왔다. 그런데 시전으로 향하는 내시부사의 걸음이 영 시원치가 않았다.

"계속 꾸물거린다면 혼자 가겠다."

"헉헉……! 이 생원님, 같이 가십시다요."

숨을 헐떡이며 간신히 따라붙는 내시부사를 세종이 힐끗 돌아보았다. 그러고 보니 내시부사는 세종보다 훨씬 늙어버렸다. 흑립 속의 머리카락은 백발이었고, 주름진 얼굴엔 검버섯이 피었다.

'하긴 선왕 때부터 대전을 지켰으니…….'

세종은 왠지 측은한 기분이 들어 걸음을 늦추었다. 노을에 물든 구름이 서쪽으로 흘러가는 하늘을 올려다보며 세종이 씁쓸하게 중얼거렸다.

"과인만 늙은 줄 알았더니, 자네는 훨씬 더 늙었군. 이래서 시간은 공평하다고 하는 모양일세."

"전하는 아직 정정하십니다."

"나도 이제 눈앞이 침침하다네. 그래도 백성들이 잘 사는 모습을 지켜보고 싶구먼."

"전하야말로 만세의 성군이십니다."

"허허! 자네가 늙으니 아부도 할 줄 아는군."

"아부가 아니옵니다."

"알았으니 조용히 따라오시게."

시전은 확실히 몇 해 전보다 생기가 넘쳤다. 점포마다 상품이 풍족했고, 백성들은 흔쾌히 전대를 열어 원하는 것을 샀다. 사내들은 깨끗한 무명저고리를 입었고, 아낙들은 쪽진 머리에 동백기름을 발라 단정하게 빗어 넘겼다. 예전에는 너무 굶어서 얼굴이 누렇게 떴던 아이들이 생기 넘치는 웃음을 터뜨리며 뛰어다녔다. 흐뭇한 눈으로 백성들의 모습을 살펴보던 세종이 생선을 늘어놓고 팔고 있는 어물전 상인에게 넌지시 물었다.

"이보게. 요즘에는 살기가 좀 어떠한가?"

상인이 어깨를 쭉 펴며 말했다.

"내 나이가 오십인데 요즘 같은 태평성대는 처음이오. 매일 요즘만 같다면 죽지 않고 백 살까지 살아볼 요량이오."

"자네의 안색이 대춧빛인 걸 보니 백 살까지는 넉넉히 살 것 같네."

"어이구~ 고맙습니다요, 나리."

세종이 콧노래를 흥얼거리며 북적이는 백성들 사이로 걸음을 옮겼다. 세종의 웃음 띤 옆얼굴을 보며 내시부사도 흐뭇한 표정을 지었다. 선왕께서 양녕세자를 폐하고, 충녕대군에게 그 자리를 물려주었을 때 내시부사는 선왕의 의중을 이해할 수 없었다. 어찌 장자상속의 법도를 어기면서까지 셋째 아드님에게 보위를 넘기려 하신단 말인가. 하지만 이제는 내시부사도 알고 있다. 태종대왕께서 참으로 영민한 결단을 내리셨다는 사실을.

왁자하게 싸우는 소리가 들려온 것은 바로 그때였다.

"이 비열한 사기꾼 같으니!"

"사기꾼이 누구더러 사기꾼이래!"

소리 나는 쪽으로 달려간 세종과 내시부사는 황당해지고

말았다. 쌀이 수북하게 쌓인 미전 앞에서 개량통을 늘어놓고 멱살잡이 중인 사람은 십여 년 전 같은 장소에서 개량통의 크기가 달라 싸웠던 바로 그 장사치들이었기 때문이다. 비록 나이가 들어 머리에 흰 서리가 내렸지만 그들이 분명했다.

세종이 두 사람을 억지로 뜯어말리며 말했다.

"왜 또 싸우는 게요? 백성들이 혼란을 겪지 않도록 나라에서 개량통의 규격을 정해 반포하지 않았소?"

장사치들이 선뜻 대답하지 못하고 헛기침을 했다.

"흠…… 흐흠……!"

구경하고 있던 백성들이 장사치들을 대신해 말했다.

"규격을 정해 반포하면 뭐합니까?"

"천자문조차 깨우치지 못한 까막눈인데요."

"글을 읽을 줄 모른다고……?"

충격을 받은 듯 눈을 크게 뜨는 세종을 향해 장사치들이 변명했다.

"한문은 당최 어려워서, 원."

"우리 같은 일자무식이 익히기에 너무 골치 아파."

세종이 씁쓸하게 웃으며 장탄식을 했다.

"내가 어리석었다. 아무리 좋은 제도를 만든들 백성들이 읽지 못하면 무슨 소용이 있다는 말인가?"

방금 전까지의 좋았던 기분이 싹 가신 듯 어깨를 축 늘어뜨린 채 돌아서는 세종을 내시부사가 걱정스런 얼굴로 따

라갔다.

"너무 신경 쓰지 마십시오, 전하. 글을 읽을 줄 아는 백성들도 많습니다."

"그럼 글을 읽을 줄 모르는 백성들은 과인의 백성들이 아니라는 말이냐?"

"예?"

"글을 읽을 줄 아는 백성들만 과인의 백성이냐고 묻질 않느냐."

"용서하십시오, 전하. 소인이 실언을 하였습니다."

"내시부사의 잘못이 아니다. 모두가 과인의 과오니라. 백성들이 읽을 줄도 모르는 제도와 과학상식을 하루가 멀다 하고 반포하기만 했으니, 결국 소 귀에 대고 경을 읽은 꼴이 아니더냐?"

"전하……."

"빨리 환궁하자. 오늘은 그만 쉬고 싶구나."

노을빛을 등지고 대궐로 향하는 세종의 뒷모습이 오늘따라 쓸쓸해 보였다.

대궐로 돌아온 세종은 며칠 동안 아이들이나 읽는 천자문 책을 서안 위에 올려놓고 고민에 빠졌다. 밤늦게까지 침전에 불을 밝혀놓고 천자문만 뚫어져라 들여다보는 세종을 내시부사가 걱정스럽게 지켜보았다. 세종이 사흘째 밤을 지새우자 참고 참던 내시부사가 침전의 방바닥에 엎드려 울먹였다.

"전하, 이러다 옥체 상하십니다. 그만하시고 부디 침소에 드시옵소서."

"내시부사."

"예, 전하."

"그대도 천자문을 익혔겠지?"

"그야 당연히……."

"그럼 한 가지 묻겠다. 한문이 우리의 글자냐?"

"그것이 무슨 말씀이신지……?"

세종이 단 한 번도 의심해본 적이 없는 것을 묻자 내시부사는 당황했다. 세종이 강렬하게 빛나는 눈으로 내시부사를 쳐다보았다.

"한문이 우리 민족의 글이냐고 물었다."

"소인은 지금 전하께서 무슨 말씀을 하시는 것인지 도무지……."

쾅!

"히익!"

세종이 주먹으로 서안을 내리치자 내시부사가 화들짝 놀랐다. 주먹을 부르르 떨며 세종이 힘주어 내뱉었다.

"한문은 우리 민족이 쓰고 있는 말을 소리 나는 대로 옮긴 우리의 글자가 아니다. 이것은 중국인들의 문자인 것이다."

"……!"

충격을 받은 내시부사가 입을 쩍 벌린 채 헐떡였다. 왠지 세종이 상상조차 못할 무서운 일을 벌일 것만 같았기 때문이다. 표정을 일그러뜨린 채 뚫어져라 천자문을 내려다보고 있던 세종이 낮게 깔리는 소리로 명령했다.

"지금 즉시 집현전 학사인 최항, 박팽년, 신숙주, 이선로, 이개, 강희안을 불러오라."

"이 밤중에 말씀이옵니까?"

"그래, 지금 즉시!"

"알겠사옵니다, 전하."

　다행히 신숙주 등은 집현전에서 늦게까지 세종이 명령한 중국 역사서를 번역하고 있었다. 세종의 명령을 받은 학사들이 황급히 강녕전으로 모였다. 침전에 무릎 꿇고 앉은 학사들을 세종이 한동안 뚫어져라 응시했다. 신숙주 등은 자신들이 무슨 큰 잘못이라도 저질렀나 하여 숨소리조차 크게 내지 못했다. 한참만에야 세종이 착 가라앉은 소리로 입을 열었다.

"너희는 과인이 가장 총애하는 집현전의 학사들이다."

"성은이 망극하옵니다, 전하."

"과인이 야심한 시각에 너희들을 불러 모은 것은 은밀히 시킬 일이 있어서이다."

"은밀히 시키실 일이라시면……?"

　투욱!

　신숙주 앞에 세종이 천자문 책을 던져주었다. 신숙주가

책장에 적힌 한자를 내려다보며 고개를 갸웃했다.

"천자문이 아니옵니까?"

"그렇다. 과인은 이제부터 우리의 글자가 아닌 중국의 글자를 버리고자 한다."

"전하, 그것이 무슨 말씀이옵니까? 저희가 한문을 사용한 것은 이미 수천 년 전부터입니다."

"그래, 우리는 수천 년 전부터 남의 글을 사용해왔지. 그래서 어떻게 되었느냐? 우리의 말과 글이 서로 달라 백성들 대부분이 까막눈이 되어 크나큰 고통을 겪고 있지 않느냐?"

"그렇다면 설마……?"

"맞다, 과인은 이제부터 너희들과 더불어 우리의 말에 맞는 우리만의 글을 새로이 만들고자 한다. 과인은 이것을 백성을 가르치는 바른 소리, 즉 훈민정음이라 부를 것이다."

"……!"

신숙주와 학사들이 날벼락을 맞은 사람들처럼 찢어져라 눈을 부릅떴다. 방금 세종은 새로운 나라를 창업하는 것보다 더 어려운 일을 해내겠다고 선언한 것이다. 간신히 정신을 수습한 신숙주가 침전 바닥에 엎드렸다.

"전하, 신중히 생각해주십시오. 이는 나라의 근간을 흔드는 매우 위험한 시도입니다."

"과인도 알고 있다. 하지만 과인은 백성들만 생각하며 밀고 나갈 것이다. 그러니 과인이 가장 믿고 있는 그대들이 도와다오."

세종의 절절한 얼굴을 마주한 학사들은 더 이상 반대할 수가 없었다. 결국 신숙주와 학사들이 세종을 향해 머리를 조아렸다.

"전하의 뜻을 받들겠나이다."

훈민정음을 창제하는 것은 쉬운 작업이 아니었다. 일단 비밀을 지키는 게 여간 어렵지 않았다. 신숙주와 박팽년 등은 집현전에서 은밀히 중국의 상형문자와 한문의 형성 과정 등을 연구했지만 집현전을 실질적으로 관장하는 부제학 최만리와 다른 학사들을 언제까지 속일 수는 없는 노릇이었다.

학사들의 고충을 전해들은 세종은 침전인 강녕전 근처에 비밀 전각을 한 채 마련해주었다. 그곳에서 신숙주와 박팽년 등의 학사들이 훈민정음 창제를 위한 연구에 집중했다. 세종은 최만리 등의 학사들이 자주 집현전을 비우는 신숙주, 박팽년 등에 대해 물으면 자신이 따로 시킬 일이 있어서라고 얼버무렸다. 이런 식으로 세종은 몇 해 동안 훈민정음 창제에 몰두했다. 신숙주, 박팽년, 최항 등의 학사들도 노력했지만 누구보다 열심이었던 것은 바로 세종 자신이었다. 세종은 직접 저자로 나가 백성들이 말할 때의 입 모양과 발음 등을 정확하게 관찰하고 기록했다. 그리고 그 소리에 맞는 글자를 한 자, 한 자 만들어냈다. 그렇게 만들어진 글자를 학사들과 며칠 밤을 새워가며 의논하여 일부는 채택하고, 일부는 버리기를 반복했다.

 연구는 한여름 무더위 속에서도 계속되었고, 한겨울 혹한 속에서도 멈추지 않았다. 지나치게 몰두한 나머지 세종의 시력과 건강은 더욱 악화되었다. 세종의 머리카락도 어느새 하얀 백발로 변했다. 결국 신숙주 등이 밤늦게까지 자신들과 함께 연구를 진행하던 세종 앞에 엎드려 통사정하기에 이르렀다.

"전하, 연구가 막바지에 이르렀으니 소신들에게 맡기시고 쉬십시오."

"진정으로 백성들을 생각하신다면 전하께서 강녕하셔야

하옵니다."

하지만 세종은 한글 창제를 학사들에게만 맡겨두려고 하지 않았다. 누구보다 깊이 백성들을 이해하고 있는 자신만이 그들의 소리를 제대로 담아낼 수 있다고 믿었기 때문이다. 세종이 주름진 얼굴 가득 미소를 지으며 걱정하는 학사들에게 말했다.

"과인을 걱정할 시간에 연구에 더욱 매진하라. 그것이 곧 과인을 위하는 길이니라."

이러한 각고의 노력 끝에 드디어 세종 25년인 1443년 12월 훈민정음이 창제되었다. 눈보라가 몰아치는 늦은 밤, 세종은 침전에 앉아 신숙주가 올린 언문 28자를 떨리는 손으로 쓰다듬었다. 한참동안 새 글자를 어루만지던 세종이 감격스런 어조로 말했다.

"경들의 노고가 참으로 컸도다. 백성들을 위해 불철주야로 노력한 경들을 과인은 결코 잊지 않을 것이다."

"성은이 망극하옵니다, 전하."

머리를 조아리며 눈물을 흘리는 학사들을 향해 세종이

당당하게 선언했다.

"과인은 이제 훈민정음을 반포하여 만백성이 편히 사용하도록 할 것이다!"

하지만 훈민정음 반포는 신하들의 강력한 반대에 부딪쳤다. 특히 집현전 부제학 최만리의 반대가 극심했다. 최만리는 이십오 년간이나 집현전에서 연구에만 몰두했던 대학자로서 세종의 신임이 두터웠다. 이런 최만리가 반대에 앞장서니 세종으로선 실망이 이만저만이 아니었다. 결국 세종은 최만리를 따로 불러 설득을 시도했다.

"부제학, 훈민정음을 반포할 수 있도록 도와주시오."

"전하, 오랜 세월 한문을 사용해왔지만 불편한 점이 없었사옵니다. 이제와 갑자기 글자를 바꾼다면 나라 전체가 극심한 혼란에 빠질 것입니다."

"경은 불편한 점이 없었다고 말하지만 저자에 나가 백성들을 살펴보시오. 그들 중에 글을 아는 자가 몇이나 될 것 같소? 글자를 몰라 양반과 송사에 얽히면 백전백패하고, 멀쩡한 양민이 읽지도 못하는 문서에 날인하여 재산을 잃고 노비로 전락하는 경우도 비일비재하오. 사정이 이럴진대 부제학은 불편함이 없다고 할 것이오?"

세종이 조목조목 따졌지만 최만리는 순순히 물러서지 않았다.

"전하, 소신이 살펴보니 언문 28자는 너무 간단하고 쉬웠나이다. 이렇게 쉬운 글자를 누가 시간을 들여 공부하려 하겠나이까? 선비들이 나태해져 공부를 등한시할까 두렵사옵니다."

"선비들은 글자로 적어놓은 학문을 공부하는 것이지 글자 자체를 공부하는 것이 아니지 않소? 고집 피우지 말고 훈민정음 반포에 협조해주시오."

"불가하옵니다, 전하."

"어허, 부제학!"

세종은 최만리를 설득하는 데 실패했다. 최만리는 훈민정음 창제에 참여하지 않았던 신석조, 김문, 정창손, 하위지, 송처검, 조근 등과 함께 갑자상소를 올려 훈민정음 창제에 조목조목 반대했다. 최만리가 상소에서 밝힌 훈민정음에 반대하는 이유는 총 여섯 가지였다.

첫째, 조선은 국초부터 정성스럽게 대국을 섬겨 한결같이 중화의 제도를 따랐는데, 이제 언문을 만든 것을 중국에서 알면 대국을 섬기는 마음에 의심을 품을 것이다.

둘째, 몽골, 서하, 여진, 일본 등은 각기 글자가 있지만 오랑캐니 말할 것이 없다. 지금 언문을 만든 것은 중국을 버리고 스스로 오랑캐와 같아지려는 것이다.

셋째, 문자 생활은 이두로도 불편하지 않다. 언문을 사용해 그것으로 출세할 수 있게 되면 선비들이 고생해서 성리학을 공부하려 하지 않을 것이다.

넷째, 형옥을 공평하게 하려는 목적이라지만 그것은 문자가 아니라 옥리의 자질에 달려 있는 것이다.

다섯째, 중요한 일을 성급히 추진해서는 안 된다.

여섯째, 동궁이 성리학에 마음 쓸 때인데 언문에 신경 쓰는 것은 옳지 않다.

"최만리의 상소는 참으로 무지몽매하기 그지없구나!"

편전에서 상소를 읽은 세종은 대노했다. 지금껏 신하들을 예로써 대했던 세종이지만 이번만은 화를 참지 못했다. 임금의 낯선 모습에 신하들은 불안하여 몸을 낮췄다. 하지만 최만리를 따르는 집현전 학사들 역시 반대의 뜻을 굽히지는 않았다. 세종이 서안을 내리치며 외쳤다.

"훈민정음은 오직 백성을 편리하게 하려는 것이다. 너희들이 이두를 만든 설총은 옳다고 하면서 임금이 하는 일은 그르다는 것은 무엇 때문인가? 또 너희가 울림소리를 적은 운서를 아는가? 사성 칠음에 자모가 몇 개나 있는가? 과인이 그 운서를 바로잡지 않으면 누가 바로잡겠는가?"

"……."

이미 언어학자의 경지에 오른 세종이 반문했지만 신하들 중 누구도 대답하지 못했다. 이처럼 훈민정음에 대한 세종의 자부심은 대단했다. 그렇기에 아무것도 모르면서 무조건 중국의 것이 아니라고 반대하는 신하들에 대한 분노 또한 클 수밖에 없었다.

"지금 당장 최만리와 그에 동조하는 집현전 학사들을 모조리 추포하여 의금부 옥사에 가두어라!"

"전하, 상소를 올린 신하를 벌하는 것은 옳지 못합니다."

"전하의 치세에 없던 일이었음을 유념하십시오."

깜짝 놀란 신하들이 말렸지만 세종은 고집을 꺾지 않았다.

"저들이 과인과 과인의 노력을 폄하하고 있지 않은가? 백성들을 편안하게 해주려는 과인을 방해하는 자들은 지위고하를 막론하고 용서치 않을 것이다."

결국 최만리 등은 의금부에 하옥되고, 훈민정음은 전국에 반포되었다. 그때부터 백성들은 우리의 소리와 뜻에 맞는 스물여덟 글자를 편안하게 사용할 수 있게 되었다. 아무리 우매한 자라도 열흘이면 족히 익힐 수 있다는 훈민정음의 창제로 일반 백성들도 손쉽게 글을 배우게 됨으로써 조선은 다시 한 번 문화적 중흥기를 맞이했다. 또한 훈민정음은 단일한 언어를 사용하는 우리 민족을 단일한 언어로 묶어 민족성을 높이는 데도 크게 기여했다.

짧은 해가 서쪽 하늘로 뉘엿뉘엿 넘어갈 시각, 시전에서 쌀장사를 하는 최씨는 막 마지막 손님에게 쌀 한 됫박을 팔고 있었다. 부대에 쌀을 퍼 담는 최씨를 향해 통통하게 살이 오른 중년의 아낙이 물었다.

"쌀 한 됫박에 얼마요?"

"원래는 열 푼인데, 여덟 푼만 내시구랴."

"여기 있소."

"잘 가시우. 에구구~ 허리야."

최씨가 허리를 두드리며 막 점포를 정리하려는데 커다란 흑립을 쓰고, 구름 같은 도포를 입은 양반님이 불쑥 나타났다. 왠지 범접하기 힘든 기품이 흐르는 양반 노인의 얼굴을 주인장이 멍하니 쳐다보았다.

"왜 그리 보는가? 벌써 장사가 끝났는가?"

"아, 아닙니다. 쌀을 사시려고?"

양반 노인이 빙긋 웃으며 고개를 끄덕였다.

"좋은 쌀로 두 됫박만 주시게."

"알겠습니다요."

최씨가 쌀부대를 내밀자 노인의 옆에 서 있던 또 다른 왜소한 노인이 재빨리 받아들었다. 양반 노인이 미소를 머금은 채 물었다.

"얼마인가?"

"원래는 스무 푼인데, 열여섯 푼만 내십시오."

"여기 있네. 그런데 뭐 한 가지 물어봐도 되겠는가?"

"물어보십시오."

양반 노인이 쌀더미 위에 떨어져 있는 말통과 되통과 홉통을 가리켰다.

"이제 점포마다 개량통이 달라서 서로 다투는 일은 없어졌는가?"

"이보시오! 나라에서 개량통의 규격을 정해준 지가 언제인데 그런 일로 다툰단 말입니까?"

"글을 몰라서 나라에서 정해준 규격을 알 수 없다고들 하던데?"

"그거야 훈민정음이 반포되기 전이었습죠. 언문 28자가 반포된 이후로는 우리처럼 무식한 장사치들도 글을 읽을 수 있게 되어 나라님께서 내리시는 말씀을 전부 이해하게 되었다 이 말이오. 그러니 아무 걱정 말고 앞으로도 우리 미전을 자주 이용해주십시오."

"알겠네. 내 반드시 그리함세."

장사치를 향해 빙그레 미소 짓는 노인은 바로 조선의 임금 세종이었다.

대궐로 돌아가는 내내 세종은 싱글벙글이었다. 쌀부대를 짊어진 내시부사가 끙끙대며 물었다.

"그렇게 좋으십니까?"

"좋다마다. 내가 만든 글자로 백성들이 편안해졌다는데 이보다 보람 있는 일이 어디 있겠…… 콜록! 콜록!"

세종이 말을 맺지 못하고 가쁜 기침을 토했다.

"전하, 괜찮으십니까?"

"괘, 괜찮네."

"전하……."

올 겨울 들어 더욱 노쇠해진 세종을 바라보는 내시부사

의 눈빛에 안쓰러움이 가득했다. 현명한 임금은 백성들을 위해 그동안 자신을 너무 혹사시켜왔다. 세종은 분명 조선을 밝히는 등불이었지만 내시부사는 머지않아 그 불꽃이 사그라질 것만 같아 두려웠다.

'전하, 부디 만수무강하셔야 합니다. 그것이 전하께서 그토록 아끼시는 백성을 위하는 길임을 잊지 마소서.'

금천교를 건넌 세종이 강녕전이 아닌 의금부로 향했다.

"전하, 어디로 가십니까?"

"의금부 옥사로 가는 중이다."

"이 시각에 의금부로 가신다는 말입니까?"

"꼭 만나야 할 사람이 있어서 그렇다."

"전하께옵서 어찌 이곳에……?"

감옥 안에 홀로 앉아 있던 최만리의 눈이 화등잔만해졌다. 옥문을 열고 들어온 세종이 최만리와 마주앉으며 빙그레 웃었다.

"오랜만에 부제학과 독대하고 싶어서 왔소."

"전하, 어찌 누추한 곳에 옥체를 두신단 말입니까? 어서 일어나십시오."

"부제학."

"예, 전하."

"이제 그만 고집을 꺾어주시오."

"하오나 전하……."

"내시부사는 부제학에게 준비해온 선물을 전하라."

"선물이라 하심은……?"

어리둥절한 내시부사를 향해 세종이 눈을 치켜떴다.

"방금 시전에서 쌀을 사오지 않았느냐?"

"아, 알겠사옵니다."

내시부사가 당황하며 쌀부대를 최만리 앞에 내려놓았다.

"이것이 무엇이옵니까, 전하?"

"이 쌀은 과인이 부제학에게 내리는 선물이오. 또한 과인이 훈민정음을 창제한 이유이기도 하오."

"전하, 우매한 소신은 못 알아듣겠나이다."

"이야기는 오래전으로 거슬러 올라가오. 과인이 내시부사와 함께 시전으로 밀행을 나갔던 적이 있소. 백성들의 활기찬 모습을 구경하며 걷고 있는데 갑자기 심하게 다투는 소리가 들려오지 뭐요? 그래서 가봤더니 미전 앞에서 쌀장수 둘이 서로 각자의 개량통이 옳다며 멱살잡이를 하고 있었소. 대체 어떻게 된 사연인지 알아보니……."

세종의 이야기는 제법 길게 이어졌다. 세종은 희미한 미소를 머금은 채 이야기했고, 최만리는 묵묵히 들었다. 마침내 세종의 긴 이야기가 끝이 났다. 임금과 신하는 입을 굳게 다문 채 한동안 말이 없었다.

"부제학, 과인이 경에게 이 쌀을 선물하는 이유를 헤아려 주길 바라오."

순간 최만리가 세종 앞에 엎드리며 왈칵 눈물을 터뜨렸다.

"소신이 어리석었나이다! 무지한 소신의 불충을 용서해 주시옵소서!"

세종이 최만리의 어깨를 두드리며 말했다.

"날이 밝으면 경은 방면될 것이오. 앞으로도 오랫동안 과인의 곁에서 과인의 잘못을 바로잡아주길 바라오."

"성은이 망극하옵니다, 전하."

자신의 의견에 반대하는 신하조차 포기하지 않고 끝까지 설득하는 세종을 내시부사가 흡족한 미소를 머금은 채 지켜보았다.

내일은 국가대표

"아……!"

침대 위에서 눈을 뜨자마자 선재는 신음을 흘렸다. 어제 읽다가 잠들었던 세종대왕의 이야기가 선명하게 떠올랐기 때문이다. 세종은 글을 읽지 못해 손해를 보는 백성들을 위해 그때까지 누구도 생각해내지 못했던 한글을 창제했다. 세종대왕 특유의 창조적인 생각과 불가능을 모르는 집념이 아니었다면 우리는 아마 지금까지도 한문을 사용하고 있을 것이다.

"대체 세종대왕은 그 시대에 어떻게 그런 엄청난 일을 생각해낼 수 있었을까? 어떻게 울림소리를 연구하고, 사성과 칠음을 깨닫고, 자음과 모음 스물여덟 자를 만들어낼 수 있었을까? 그 불가능한 일들을 어떻게 가능하게 만들었을까?"

도저히 이해할 수가 없다는 표정이던 선재의 입가에 미소가 피어올랐다.

"백성들을 위해서라면 무에서 유를 만들어내는 세종대왕의 창조정신이 있었기에 가능했겠지."

동시에 선재는 빛나리초등학교 축구부에도 창조적인 플레이가 필요하다는 아빠의 말을 떠올렸다. 한동안 골똘히 생각에 잠겨 있던 선재가 끝내 고개를 가로저었다.

"축구와 한글창제는 분명히 달라. 아빠가 뭘 원하는지는 알겠지만 포메이션을 바꾸고, 세트피스를 연습한다고 해서 우리 축구부가 갑자기 강해지진 않을 거라구."

"빛나리 빛나리 파이팅!"
"전진! 전진! 파이팅!"

양쪽 학교 학생들의 응원소리가 울려 퍼지는 초여름의 화창한 주말, 선재는 부원들과 함께 전국대회가 열리는 운동장의 센터써클에 서 있었다. 힐끗 고개를 들어보니 새파란 하늘에 -제 21회 대통령배 전국 유소년축구대회- 라고 적힌 플래카드가 매달린 풍선이 둥둥 떠 있었다.

"페어플레이를 하도록 해라."

심판이 당부하는 소리를 들으며 선재가 자신들과 마주서 있는 전진초등학교 선수들을 쳐다보았다. 잔뜩 긴장한 빛나리초등학교 선수들과는 달리 전진초등학교 선수들의 얼굴에는 여유가 넘쳐흘렀다.

"큭큭……! 1차전부터 빛나리초등학교와 붙게 되다니."

"1승은 거저 얻게 생겼네."

"그나저나 빛나리 녀석들 불쌍해서 어떡하냐?"

선재는 울컥하는 마음을 애써 가라앉히며 지난 몇 달 동안 땀 흘려 훈련했던 과정을 기억해냈다. 아빠가 감독이 된 이후, 축구부에는 많은 변화가 생겼다. 먼저 빛나리초등학교 선수들은 축구뿐 아니라 공부도 열심히 하게 되었다. 또한 센터포워드로서 공격을 주도했던 선재가 중앙미드필더로 내려오고 그 자리를 후배인 유빈이 맡았다. 어디 그뿐인가? 빛나리초등학교 축구부는 오랫동안 훈련해왔던 4-4-2 포메이션을 버리고 보다 공격적인 4-3-3 포메이션을 선택했다. 그리고 불과 얼마 전에는 창조적인 세트플레이 연습에 집중했다. 그러고 보니 짧은 시간에 참 많은 것을 시도하며 땀을 흘려왔다. 아빠는 아무것도 하지 않는 것처럼 보이면서도 축구부에 엄청난 변화를 일으켰던 것이다. 물론 그런 변화들이 실제 시합에서 좋은 결과로 이어질지 장담할 수는 없었지만.

선재가 힐끗 고개를 돌려 세영이와 나란히 벤치에 앉아 있는 아빠를 보았다. 아빠는 언제나처럼 느긋한 표정이었다. 선재와 눈이 마주치자 손까지 흔들어주었다. 세영이 손나팔을 만들어 소리쳤다.

"빛나리축구부 파이팅! 민선재 파이팅!"

선재가 입술을 지그시 깨물며 하프라인에 놓인 공 위에 발을 올렸다.

'아빠를 믿지는 않지만 오늘 만큼은 아빠의 시도들이 효과를 발휘해 주기를……!'

뻥!

마음속으로 기도하며 선재가 힘차게 공을 찼다.

선재와 부원들은 그동안 훈련해왔던 대로 파상적인 공격을 퍼부었다. 4-3-3 포메이션으로 강하게 밀어붙이자 여유만만이던 전진초등학교 선수들도 당황하기 시작했다. 약팀인 빛나리초등학교가 수비적으로 나올 거라 생각했던 예상이 빗나가자 당황한 것이다. 빛나리초등학교 선수들은 확실한 주도권을 잡고 공격을 이어갔지만 골은 쉽사리 터지지 않았다. 대신 전진초등학교 선수들이 가끔 가슴이 서늘해지도록 날카로운 역습을 펼치곤 했다. 선재는 중앙미드필더로서 전진초등학교의 역습을 효과적으로 차단했다.

촤아악!

"으윽!"

이번에도 선재가 슬라이딩으로 하프라인을 넘어 역습하는 전진초등학교 센터포워드의 공을 빼앗았다.

"안쪽으로 들어가!"

선재가 빠르게 드리블하며 전진초등학교 패널티에어리어를 향해 돌진했다.

"선배, 이쪽이야!"

중앙에서 골문을 향해 파고드는 유빈이 보였다. 유빈이에게 패스하려던 선재가 멈칫했다. 이미 수비수가 두 명씩이나 밀착되어 있었기 때문이다.

"찬영아!"

유빈이에게 패스하는 척하며 선재가 재빨리 왼쪽 터치라인을 따라 달려 들어가는 찬영이에게 패스했다.

"나이스 패스!"

코너에어리어 근처에서 찬영이 지체 없이 센터링을 올렸

다. 길게 포물선을 그리며 날아간 공이 정확히 유빈이의 발 앞으로 떨어졌다. 공이 땅에 닿기 직전 유빈이 그대로 논스톱 슛을 날렸다.

출렁~

유빈이의 강슛이 골망을 뒤흔드는 순간, 선재는 멍청해지고 말았다. 강팀 전진초등학교를 상대로 선제골을 넣으리라곤 상상조차 못했기 때문이다.

"와아~ 선제골이다!"

"선배 덕분이야!"

찬영이와 현수, 유빈이 달려와 와락 안았을 때에야 선재는 골이 들어갔음을 실감했다. 유빈이 휙 돌아서서 아빠를 향해 주먹을 번쩍 쳐들었다.

"감독님, 우리가 해냈어요!"

이번만은 아빠도 세영이와 얼싸안고 펄쩍펄쩍 뛰었다. 선재가 눈물이 나려는 것을 간신히 참으며 주위의 부원들에게 말했다.

"이제부터가 시작이야. 절대 흥분하지 말고 연습한 대로

만 하자. 빛나리초등학교 파이팅!"

"빛나리 파이팅!"

"주장 파이팅!"

후반전도 막바지에 이를 때까지 빛나리초등학교의 1:0 리드가 유지되었다. 전진초등학교 선수들은 지나치게 서둘렀다. 이대로 가면 승리의 여신은 빛나리초등학교를 향해 미소 지을 게 분명했다.

'아…… 우리가 언제 이렇게 강해졌지?'

볼 점유율을 높이며 전진초등학교를 밀어붙이는 부원들을 둘러보며 선재는 스스로 감탄하지 않을 수 없었다.

"선재야, 역습 조심해! 역습만 막으면 이길 수 있다!"

아빠는 평소의 느긋함을 버리고 터치라인 앞까지 나와 고래고래 소리를 질렀다. 그런 아빠를 돌아보며 선재는 마음속으로 사과했다.

'미안, 아빠. 내가 아빠를 의심했어. 아빠는 세종대왕처럼 현명한 감독님이야.'

순간 선재가 움찔했다. 전진초등학교 페널티에어리어 근처까지 파고들던 유빈이 갑자기 공을 빼앗긴 것이다. 전진초등학교 수비수가 재빨리 미드필더에게 공을 패스했다. 선재가 자신을 향해 달려오는 미드필더에게 덤벼들었다.

투욱!

"아앗!"

그런데 미드필더가 어느새 선재를 돌파하고 있는 윙어에게 패스하는 것이 아닌가. 깜짝 놀란 선재가 휙 돌아서서 윙어를 쫓기 시작했다. 하지만 이미 따라잡기에는 역부족이었다.

"뛰어나와서 막앗!"

버럭 고함치는 선재의 눈에 윙어를 막으려고 뛰어나오는 풀백들이 보였다. 선재는 풀백들이 역습을 막아주길 간절히 기도했다. 하지만 윙어는 다시 오른쪽으로 재빨리 패스했고, 그곳에 전진초등학교 센터포워드가 대기하고 있었다.

꽝!

출렁~

"와아, 만회골이다!"

환호하는 전진초등학교 선수들을 보며 선재는 거친 숨을 몰아쉬었다. 불과 5분을 남겨두고 동점골을 허용한 것이다. 하지만 지금 동점골이 문제가 아니었다. 전, 후반 내내 유지되었던 리드가 깨지자 부원들의 자신감도 급속히 사그라졌다.

'아…… 이러다 또 지게 되는 것은 아닐까?'

패배의 그림자가 짙게 드리운 부원들의 얼굴을 둘러보던 선재가 주먹을 불끈 쥐며 벼락처럼 기합을 질렀다.

"우리는 절대 지지 않는다! 빛나리 파이팅!"

"와아아!"

"빛나리 파이팅!"

선재의 기합 덕분에 부원들이 조금은 기운을 차렸다. 그러나 주도권은 이미 전진초등학교 쪽으로 완전히 넘어간 후였다.

"조, 조심해!"

"레프트윙을 막아!"

"풀백, 빨리 튀어나와야지!"

아슬아슬한 위기를 선재가 육탄방어로 가까스로 넘겼다. 5분이 5시간처럼 길게 느껴졌다. 목 안쪽에서 피 냄새가 넘어오는 것을 느끼며 선재는 숨을 헐떡였다.

"후욱…… 후욱…… 후우욱……."

이때 전진초등학교 미드필더가 방심했는지 선재 바로 옆으로 아무 생각 없이 드리블하며 지나갔다. 탈진한 듯 서 있던 선재가 바람처럼 돌아서서 공을 빼앗았다.

"으앗! 저 녀석 막아!"

미드필더가 비명을 지르며 선재를 쫓아왔다. 선재가 마지막 힘을 쥐어짜 바람처럼 전진초등학교 진영으로 치고 올라갔다. 패널티에어리어를 향해 접근하는 선재를 상대 팀 풀백이 가로막았다. 선재가 페이크동작으로 풀백을 따돌리고 돌아서는 순간, 풀백이 뒤쪽에서 태클을 걸었다.

"으윽!"

삐이익-!

선재가 넘어지자 주심의 휘슬이 울렸다. 땅바닥에 엎드

린 채 선재가 고개를 들고 골문을 쳐다보았다. 골문까지의 거리는 불과 20여 미터 남짓. 선재와 빛나리초등학교에 마지막 기회가 찾아온 것이다.

"후우우……."

공 앞에 서서 한숨을 뱉으며 선재가 부원들에게 눈짓을 보냈다. 이런 상황에선 어떤 세트플레이를 하기로 이미 약속이 되어 있었던 것이다. 선재가 힐끗 고개를 돌려 벤치 쪽을 보았다. 아빠와 세영이 나란히 서서 두 손을 꼭 모아 쥐고 있었다. 선재와 눈이 마주친 아빠가 고개를 끄덕였다.

'아빠는 우리 아들을 믿는다!'

아빠는 아마도 그렇게 말하고 싶어 하는 것 같았다. 선재도 고개를 끄덕이며 축구공에 시선을 고정시켰다. 그동안 힘들게 훈련해왔던 시간들이 주마등처럼 스치고 지나갔다.

'그래, 나는 해낼 수 있어! 백성들을 위해 도저히 불가능했던 일들을 해낸 세종대왕처럼!'

뻥!

선재가 힘차게 공을 찼다. 공은 골대가 아니라 오른쪽 윙어인 현수를 향해 날아갔다. 당황한 전진초등학교 수비수들이 우르르 현수에게 몰려갔다. 하지만 현수는 공이 채 땅바닥에 닿기도 전에 골문 앞으로 낮게 차주었다. 빠르게 날아온 공을 향해 유빈이 바람처럼 달려들었다.

쾅!

거의 골인이 된 줄 알았던 공을 골키퍼가 아슬아슬하게 주먹으로 쳐냈다.

"으아악!"

"아깝다!"

빛나리초등학교 선수들은 탄식을 내뱉었고, 전진초등학교 선수들은 안도의 한숨을 몰아쉬었다. 이때 누군가의 그림자가 데굴데굴 굴러 나오는 공을 향해 쇄도했다.

뻐어엉-!

가차 없이 강슛을 날리는 선수는 바로 선재였다.

출렁~

삐이익!

"경기 끝!"

공이 골키퍼의 손을 아슬아슬하게 스쳐 골망을 뒤흔드는 순간, 심판의 휘슬도 함께 울렸다.

"와아아! 우리가 이겼다!"

"빛나리초등학교 만세!"

"민선재 주장 만만세!"

눈물을 글썽이는 선재의 눈에 자신을 향해 달려오는 부원들이 보였다. 두 팔을 활짝 벌리고 달려오는 아빠의 모습도 보였다. 하지만 선재는 아빠의 머리 위를 보았다. 구름 한 점 없는 초여름의 하늘에서 세종대왕이 인자하게 미소 짓고 있었다. 마치 자신처럼 불가능한 일을 가능하게 만든 선재를 칭찬해주듯이.

"골~ 골인! 국민 여러분 기뻐하십시오! 우리 대표팀이 대망의 8강에 진출했습니다!"

며칠 후 새벽, 거실에서 치킨을 뜯으며 TV를 뚫어져라 보고 있던 선재와 아빠는 서로를 얼싸안으며 환호성을 질렀다.

"와아아! 우리가 이겼다!"

"대한민국 대표팀 만세!"

껑충껑충 뛰며 좋아라하는 아빠와 선재를 흘겨보며 엄마가 혀를 찼다.

"쯔쯧~ 얼마 전까지만 해도 서로 못 잡아먹어서 안달이더니만."

콰악!

아빠가 두 손으로 선재의 얼굴을 움켜잡으며 힘주어 말했다.

"선재야, 아빠가 우리 아들한테 꼭 한 가지 부탁이 있는데 들어줄래?"

"까짓 거, 대한민국이 8강에 진출했으니까 무엇이든 얘기해봐요."

"아빠를 대신해서 국가대표가 되어주겠니? 그리고 아빠가 못 넣었던 골들을 터뜨려주겠니?"

"……."

입을 꾹 다물고 아빠의 진지한 눈을 바라보던 선재가 고개를 크게 끄덕였다.

"응, 그 부탁만은 반드시 들어줄게요."

"그런 의미에서 우리 다시 한 번 외쳐볼까?"

"좋지요."

선재와 아빠가 어깨동무를 하고 나란히 주먹을 쳐들었다.

"대한민국 파이팅! 미래의 대표선수 민선재 파이팅!"

축구의 역사

문헌에 따르면 현대 축구와 유사한 형식의 운동은 기원전부터 시작되었다고 전해진다. BC 7~6세기 무렵 고대 그리스시대에 행한 '에피스키로스'라는 공을 차고 던지는 간단한 형식의 게임에서 유래되었다는 것이다. 고대 중국에서는 이보다 먼저 축구 형식의 공놀이가 있었다. 로마시대에는 군사 경기로 널리 보급되었고, 로마가 영국을 침공하였을 때 하르파스툼이라는 경기를 보급시켜, 이것이 영국에서의 근대 축구의 기원이 되었다고 전해진다. 기록으로 남아 있는 최초의 축구 경기는 217년 영국에서 성령강림절의 화요일에 더비(Derby)에서 개최된 경기로, 로마군의 공격을 막아낸 것을 기념하는 축제의 일환으로 행해졌다. 1175년에 이르러 영국에서는 축구 경기가 연례행사로 열렸다.

축구가 현재와 같은 스포츠로서의 형식을 갖추게 된 것은 1800년대라고 할 수 있다. 1800년대 영국에서의 풋볼은 굉장히 무질서한 경기였다. 그래서 각 그룹들은 통일된 경기 규칙의 필요성을 느끼게 되었다. 그리하여 1863년 10월 26일 풋볼 그룹의 대표자들은 런던에 모여 제1차 회의를 가졌으나 회의는 뚜렷한

결론을 내리지 못했다. 그러다가 같은 해 12월 8일에 개최된 제6차 회의에서 협회가 규칙을 통일하고, 공인된 규약과 경기 규칙을 인쇄하여 발행할 것을 결의하였다. 그 결과 협회가 인정하는 경기 규칙에 의한 축구가 탄생했으며, 이것이 어소시에이션풋볼의 탄생이다. 영국에서 조직화되고 발전한 축구는 영국에 유학한 사람들에 의해 그들의 고국에 보급되거나, 영국인 목사·선교사·군인·상인들에 의해 세계 각국에 소개되었다.

오늘날의 축구와는 조금 달랐겠지만 〈삼국사기〉에 의하면 신라시대에도 '축국(蹴鞠)'이란 놀이 형태의 공차기가 있었다고 전해진다. 삼국통일의 주역인 신라의 김유신과 김춘추가 농주(弄珠, 둥근 놀이기구)를 가지고 놀다가 옷고름이 찢어졌다는 기록이 그것이다.

우리나라에 근대 축구가 전파된 것은 지금으로부터 100여 년 전인 19세기 말이다. 1882년(고종 19년) 제물포(오늘의 인천항)에 상륙한 영국 군함 플라잉 피쉬(Flying Fish)호의 승무원들을 통해서인 것으로 전해지고, 정식 축구의 보급은 1904년 서울의 관립(官立) 외국어학교에서 체육 과목의 하나로서 채택하면서부터이다. 특별한 장비 없이 누구나 즐길 수 있는 축구의 특성은 당시 가난했던 우리 국민들에게 큰 호응을 받았으며, 축구 선수에게 필요한 굳센 체력과 강인한 투쟁심은 한국인의 정서와도 일치했다.

1948년 런던 올림픽 본선에 대한민국의 이름으로 처음으로 세계무대에 발을 내딛은 한국 축구는 1954년 스위스에서 열린 월드컵 본선에 최초로 진출하는 영광을 안았고, 1956년 제1회, 1960년 제2회 아시안컵에서 연속으로 우승함으로써 아시아 축구 챔피언으로서의 기세를 드높였다. 이어 1960년대 이후 메르데카컵, 킹스컵, 아시안게임, 아시아 청소년 축구대회 등 아시아에서 벌어지는 각종 축구대회에서 수많은 우승컵을 차지함으로써 한국은 명실상부한 아시아 축구 최강으로 불리게 되었다. 각종 대회에서 기록한 빛나는 성적과 선수들이 보여준 놀라운 투지와 기동력으로 인해 한국 대표팀은 '아시아의 호랑이'로 불렸으며, 다른 아시아 국가들에게는 두려움과 경탄의 대상이었다.

*나라와 백성만을 생각한
위대한 성군, 세종대왕*

세종대왕 (世宗大王, 1397~1450)

1397년 (태조 6) 4월 10일 경복궁 서쪽 인왕산 기슭 준수방에서 정안군(태종)의

        삼남으로 태어남

1401년 (태종 1) 정안군이 조선 제3대 임금 태종(太宗)으로 즉위

1408년 (태종 8) 2월 충녕군(忠寧君)으로 책봉(册封)

        심온의 딸과 혼인

1412년 (태종 12) 5월 충녕대군(忠寧大君)으로 진봉(進封)

1418년 (태종 18) 6월 태종이 양녕대군(讓寧大君)을 폐하고 왕세자로 책봉

        8월 10일 조선 제4대 임금 세종(世宗)으로 즉위

1419년 (세종 1) 6월 대마도 정벌

1420년 (세종 2) 집현전(集賢殿)을 확장, 설치

        군사제도 개편

1421년 (세종 3) 주자를 만들고 인쇄술 개량

1423년 (세종 5) 조선통보(朝鮮通寶) 주조

　　　　　　　　도천법(道薦法) 실시로 장영실 등 인재 발굴

1424년 (세종 6) 악기도감에서 악기 제조

1427년 (세종 9) 왕실 교육 기관 종학(宗學) 설치

　　　　　　　　고려 때 지어진 의학서 〈향약구급방鄕藥救急方〉을 새로 간행

1429년 (세종 11) 농사법 연구하여 〈농사직설農事直設〉 편찬

1430년 (세종 12) 최초의 여론조사(공법(貢法) 편의 여부를 각 도의 수령과

　　　　　　　　백성에게 물어 가부 숫자 파악) 실시

　　　　　　　　공노비 산아 휴가법 제정

　　　　　　　　궁중음악을 정리한 〈아악보雅樂譜〉 편찬

1431년 (세종 13) 3월 〈태종실록太宗實錄〉 편찬 마침

　　　　　　　　4월 광화문(光化門) 세움

　　　　　　　　충신, 효자, 열녀의 이야기를 엮은 〈삼강행실도三綱行實圖〉 펴냄

1432년 (세종 14) 1월 우리나라 최초의 지리책 〈팔도지리지八道地理誌〉 편찬

1433년 (세종 15) 8월 천문 시계 '혼천의渾天儀' 제작

　　　　　　　　우리나라 의학서 〈향약집성방鄕藥集成方〉 펴냄

여진족 소탕 후 4군과 6진 설치

1434년 (세종 16) 구리 활자 '갑인자甲寅字' 주조

'자격루自擊漏'(자동물시계) 완성으로 전국 표준 시간 정함

해시계 '앙부일구仰釜日晷' 제작하여 종묘 앞 설치

중국 역대 왕조의 일을 기술한 〈자치통감〉을 해석한

〈자치통감훈의資治通鑑訓義〉 편찬

조판 주조법 개량

1435년 (세종 17) 7월 경복궁 안에 주자소 설치

1936년 (세종 18) 공법(貢法) 제정

납활자 '병진자丙辰字' 주조

1937년 (세종 19) 4월 '일성정시의日星定時儀'(주야 측우기) 제작

1938년 (세종 20) 흠경각 짓고 자동 물시계 '옥루玉漏' 제작, 설치

시신 조사 지침서 〈신주무원록新註無冤錄〉 편찬

1441년 (세종 23) 정치적으로 중요한 이야기를 엮은 〈치평요람治平要覽〉 편찬 시작

세계 최초의 우량계(雨量計) '측우기測雨器' 발명

1442년 (세종 24) 측우 제도 실시

1443년 (세종 25) 12월 〈훈민정음訓民正音〉 창제

공법의 제정과 실시를 위한 관서 전제상정소(田制詳定所) 설치

세자(문종)에게 업무를 대신 보게 함

1445년 (세종 27) 선조의 행적을 노래한 〈용비어천가龍飛御天歌〉 편찬

〈치평요람〉 완성

고유의 역법 계산서〈칠정산 내외편七政算內外篇〉 편찬

화전, 화포 개량

1446년 (세종 28) 9월 3일 훈민정음 반포

〈훈민정음 해례본〉 완성

새 영조척(목공, 건축 등에 쓰는 척도) 체제 정함

언문청 설치

1447년 (세종 29) 8월 숭례문(崇禮門) 개축

우리나라 최초의 운서(韻書) 〈동국정운東國正韻〉 편찬

1449년 (세종 31) 석가의 일대기를 찬술한 불경 언해서 〈석보상절釋譜詳節〉,

〈월인천강지곡月印千江之曲〉 간행

1450년 (세종 32) 2월 17일 팔남 영응대군(永膺大君)의 집 동별궁에서 승하

역사 속 가장 위대한 임금의 일생

조선조 제4대 임금인 세종대왕은 성은 전주 이씨(全州李氏), 이름은 도, 자는 원정(元正), 존시는 영문예무인성명효대왕(英文睿武仁聖明孝大王), 시호는 장헌(莊憲), 묘호는 세종(世宗), 능호는 영릉(英陵)이다.

태종(太宗)과 원경왕후(元敬王后) 민씨(閔氏)의 셋째 아들로 태어났다. 심온(沈溫)의 따님인 소헌왕후(昭憲王后) 심씨(沈氏)를 비롯한 여섯 명의 부인에게서 18남 4녀, 스물두명의 자식을 보았다. 세종의 자식으로는 조선 제5대 임금인 문종(文宗)과 제7대 임금인 세조(世祖)가 있다.

태종 8년(1408) 충녕군(忠寧君)에 봉해지고, 태종 12년(1412) 충녕대군(忠寧大君)에 진봉, 태종 18년(1418) 음력 6월 맏형 양녕대군(讓寧大君)이 폐세자(廢世子) 됨에 따라 왕세자(王世子)로 책봉되었다가 같은 해 음력 8월 22세의 나이로 태종의 양위를 받아 경복궁 근정전(勤政殿)에서 즉위하였다.

1. 스물두 살에 왕이 되다

1418년 6월 3일 조선의 제3대 임금인 태종은 세자인 양명대군 이제를 폐하고, 셋째 아들인 충녕대군 이도를 왕세자로 삼았다. 〈태종실록〉에 의하면 "행동이 지극히 무도하여 종사를 이어받을 수 없다고 대소신료가 청하였기 때문에" 세자를 폐하고, 반면 "충녕대군은 천성이 총명하고 민첩하고 자못 학문을 좋아하며, 치체(정치의 요체)를 알아서 매양 큰일에 헌의(윗사람에게 의견을 아룀)하는 것이 진실로 합당"하기에 왕세자로 삼는다고 하였다.

그로부터 정확히 두 달 뒤 태종은 세자에게 왕위를 물려주고 상왕으로 물러앉았다. 주상이 장년이 되기 전까지 군사 문제는 직접 결정하고 국가에 결단하기 어려운 일이 있을 때마다 정부와 6조, 그리고 상왕이 함께 의논한다는 조건부 양위이긴 했지만 놀라운 결단이 아닐 수 없었다.

그렇게 세종은 불과 스물둘의 나이에 조선 제4대 임금으로 등극했다. 어린 나이라고는 할 수 없었지만 갑자기 왕세자로 책봉되는 바람에 준비가 부족했기에 집권 초기 대부분의 사안을 상왕의 결정에 의존할 수밖에 없었다. 엄한 아버지의 시험을 받는 등 갑갑하고 불안한 상황 속에서 세종은 자신을 최대한 낮추고 공부에 매진하며 보냈다.

2. 학문을 사랑한 왕

세종은 어린 시절부터 엄청나게 책을 읽던 호학의 군주였다. 세종의 독서는 유학의 경전에 그치지 않았고, 역사·법학·천문·음악·의학 다방면에서 전문가 이상의 지식을 쌓을 정도였다. 본인 스스로 경서는 모두 100번씩 읽었고, 딱 한 가지 책만 30번을 읽었으며, 경서 외에 역사서와 기타 책들도 꼭 30번씩 읽었다고 했다. "몹시 추울 때나 더울 때에도 밤새 글을 읽어, 나는 그 아이가 병이 날까 두려워 항상 밤에 글 읽는 것을 금했다. 그런데도 나의 큰 책은 모두 청하여 가져갔다."는 태종의 말이 전해질 정도다.

세종은 단순히 책을 많이 읽기만 한 것이 아니라 그 내용들을 정리하고 비교하는 능력까지 갖추었다. 사실 세종은 그저 경전의 문구나 외워 잘난 척하는 것을 경계했다. 그 내용과 이치를 이해하고, 이를 토대로 더 깊은 생각을 하라고 학자들에게 주문하고는 했다.

1422년 태종이 죽고 재위 4년 만에 전권을 행사하게 된 세종은 태종이 만들어 놓은 정치적인 안정 속에서 자신의 학문적 역량을 마음껏 펼치기 시작했다. 태종이 잡아놓은 국가의 골격을 완성해나가는 수단으로 세종이 택한 방식은 매우 학구적이다. 선현의 지혜를 신뢰했던 세종은 우선 유학의 경전과 사서를 뒤져 이상적인 제도를 연구하고, 그것을 바탕으로 골격만 갖춰진 제도를 세부사항까지 정리해나갔다. 작은 법규를 하나 만들 때에도, 그 제도에 대한 역사를 쭉 고찰하고, 각각의 장단점을 분석한 뒤 그 단점을 보완하는 방법을 찾아냈다.

3. 조선의 제도를 정비하다

이런 식으로 접근하다보니 부족한 것이 너무 많았다. 우선 제도 연구의 기본이 되는 사서들이 부족하다는 데 생각이 미쳤다. 세종은 [고려사], [고려사절요]를 비롯한 사서들이 더 정확하고 풍요로워지도록 학자들을 다그쳤다. 중국의 사서도 열심히 연구했다. 대표적인 역사서인 [자치통감] 완질을 구해 읽고 학자들을 동원해 이에 대한 주석서인 [자치통감훈의]를 편찬했는데, 이 주해본은 중국에서 간행된 것보다 완성도가 더 높다는 평가를 들었다.

경전과 사서에서 찾아낸 제도를 적용하려면 우리 땅에 대해서도 더 정확하게 알 필요가 있었다. 세종은 지방관들에게 각 지역의 지도·인문지리·풍습·생태 등에 대한 정보를 요구했고, 이를 수합하여 편찬했다. 많은 자료를 간행하려다보니 인쇄술이 빠른 속도로 발전했다. 세종 치세에 인쇄 속도가 열 배로 성장한 이유다.

물론 이렇게 많은 내용을 세종 혼자 연구할 수는 없는 일이었다. 세종은 집현전의 연구기능을 확대하여 정인지, 성삼문, 신숙주 등 당대의 수재들에게 연구를 분담시켰다. 이렇게 해서 윤리·농업·지리·측량·수학·약재 등 다양한 분야의 책을 편찬하고, 관료·조세·재정·형법·군수·교통 등에 대한 제도들을 새로이 정비했다. 이때 정해진 규정들은 나중에 조선에서 시행된 모든 제도의 기본이 되었다.

세종은 과학기술과 예술에도 많은 관심을 기울였다. 집권 초에 천문학을 전문적으로 연구하는 서운관을 설치했으며, 혼천의·앙부일구·자격루를 만들어 백성들의 생활에 실질적인 도움을 주었다. 박연을 등용해 아악을 정리하고 맹사성을 통해 향악을 뒷받침하여 조선에 적합한 음악을 만들기도 했다.

4. 애민정신이 탄생시킨 훈민정음

세종은 조선시대 왕 가운데 가장 뛰어난 능력을 가졌고 많은 업적을 남겼다는 평가를 받는다. 그러나 세종을 위대한 성군이라고 부를 수 있는 것은 이러한 능력 때문만은 아니다. 세종은 백성을 사랑한 어진 왕이었다. 세종은 백성들에게 자주 은전을 베풀었고, 사면령을 빈번히 내렸으며, 징발된 군사들은 늘 기한 전에 돌려보냈다. 세종은 노비의 처우에도 신경을 많이 썼다. 주인이 혹형을 가하지 못하도록 했고, 실수로라도 노비를 죽인 주인을 처벌하도록 했다. 이전에는 겨우 7일에 불과하던 관비의 출산휴가를 100일로 늘렸고, 남편에게도 휴가를 주었으며, 출산 1개월 전에도 쉴 수 있도록 배려했다. 왕이 너무 관대하면 백성들이 요행수를 바라게 된다며 신하들이 반대했지만, 세종은 백성들을 위한 정책을 끝없이 펼쳤다. 관대하고 은혜로운 왕이었다. 훈민정음 창제도 이러한 애민정신에서 비롯되었다.

사실 훈민정음 창제에 대해서는 전하는 기록이 거의 없다. 세종 최대의 업적이면서 우리 역사에서 매우 중요한 사건임에도 불구하고 언제부터 만들기 시작했는지, 구체적인 창제 동기가 무엇인지, 어떤 과정을 거쳐 만들어졌는지 전하지 않는다. 엄청난 반대를 예상한 세종이 비밀리에 작업했기에 그러할 것이다.

단, "사리를 잘 아는 사람이라 할지라도 율문에 의거하여 판단을 내린 뒤에야 죄의 경중을 알게 되거늘, 하물며 어리석은 백성이야 어찌 자신이 저지른 범죄가 크고 작음을 알아서 스스로 고치겠는가. 비록 백성들로 하여금 다 율문을 알게 할 수는 없을지나, 따로 큰 죄의 조항만이라도 뽑아 적고, 이를 이두문으로 번역하여 민간에게 반포하여 우부우부(일반백성)들로 하여금 범죄를 피할 줄 알게 하는 것이 어떻겠는가?"라는 세종의 말과 "그런 까닭으로 지혜로운 사람은 아침나절이 되기 전에 이를 이해하고, 어리석은 사람도 열흘 만에 배울 수 있게 된다. 이로써 글을 해석하면 그 뜻을 알 수가 있으며, 이로써 송사를 청단하면 그 실정을 알아낼 수가 있게 된다."라고 훈민정음 서문에 정인지가 쓴 글을 종합해보면 세종이 백성들을 위해 훈민정음을 창제했음을 짐작할 수가 있다.

5. 마지막 생애

다양한 분야에서 초인적인 연구를 해나가다보니 세종은 일찍부터 육체의 한계를 느껴야 했다. 30대 초반부터 풍질이 발병했다는 기록을 찾아볼 수 있으며, 40대 초반에 이르러서는 하루 종일 앉아서 정사를 볼 수 없을 정도로 체력이 나빠졌다. 스스로 "체력이 달리니 생각이 이전처럼 주밀하지 않다."고 고백하는 장면도 보인다. 1440년부터는 독서도 거의 못했던 것으로 보인다.

집권 후반기에 세종은 태종이 마련한 왕권 중심의 정치체제인 육조직계제를 의정부서사제로 개편하고, 세자에게 서무를 결재토록 하여 왕에게 집중되었던 국사를 분산시켰다. 건강상의 이유이기도 했지만, 집현전을 통해 배출된 많은 유학자들로 인해 자신의 유교적 이상을 실현시켜줄 기반이 마련되었다는 자신감의 표현이기도 했다. 이러한 시도는 신권과 왕권이 조화된 유교적 왕도정치를 이끌어냈다는 평가를 받을 만큼 성공적이었다.

지칠 줄 모르는 열정으로 여러 가지 병에 시달리면서도 새로 편찬된 책들을 수십 권씩 직접 검토하던 세종은 1450년 2월 54세의 나이로 세상을 떠났다.

세종의 업적

1. 훈민정음 창제

세종대왕은 백성들이 말은 할 수 있어도 글을 알지 못하는 것을 안타깝게 여겨서 우리의 고유문자이며 표음문자인 한글을 만들고(세종 25년(1443) 12월), 〈훈민정음〉을 반포(세종 28년(1446))했다. 한글은 17자의 자음과 11자의 모음인 28자로 구성되어 있다.

한글 창제와 반포에 대해 당시에는 많은 반대가 있었지만 세종은 한글로 된 최초의 노래인 '용비어천가'를 짓는 등 한글의 사용을 적극 권장하고 활용하도록 하였다.

한글이 점차 보급되면서 서민들은 생각과 뜻을 글로 적을 수 있게 되었고, 이로 인해 민원 해소, 농업기술의 전수, 친지간 편지 왕래 등 일상생활에서 한글이 활용되었으며 서민들의 생활 개선과 의식 성장을 가져왔다.

2. 천문학의 발전

천문학을 주관하던 곳은 서운관이었다. 서운관에는 조선 초에 이미 천문을 관측하기 위해 두 곳의 간의대가 설치된 바 있었지만 미흡한 점이 많아 제대로 활용되지 못했다. 그러다가 1431년부터 시작된 대규모 천문의상 제작과 2년 뒤에 이루어진 석축간의대 준공에 의해 본격적인 천문 연구에 돌입할 수 있었다.

석축간의대: 경복궁의 경회루 북쪽에 설치되었으며 높이 6.3미터, 길이 9.1미터, 넓이 6.6제곱미터 규모의 천문관측대다. 이 간의대에는 혼천의, 혼상 그리고 규표와 방위지정표인 정방안 등이 설치되었는데 간의대와 주변 시설물들은 중국과 이슬람 양식에 조선의 전통 양식을 혼합한 것이었다. 1438년(세종 20년) 3월부터 간의대에서 서운관 관원들이 매일 밤 천문을 관측한 것으로 기록되어 있다.

혼천의: 천체 관측기계로 문헌에는 1432년 6월에 최초로 만들어졌으며 두 달 뒤에 또 하나가 만들어졌다고 기록되어 있다. 장영실을 중심으로 한 제작진이 정초 등의 고서 연구를 바탕으로 고안한 것이다. 이 혼천의는 천구의와 함께 물레바퀴를 동력으로 움직이는 시계장치와 연결된 것으로서 일종의 천문시계 기능을 했다.

3. 시계의 발명

해시계: 해시계를 일구라고 한 것은 이것이 모두 해 그림자로 시간을 알 수 있도록 했기 때문이다. 일구들은 모양과 기능에 따라 여러 가지로 나뉘는데, 우리나라 최초의 공중시계인 혜정교와 종묘 남쪽 거리에 설치됐던 앙부일구는 그 모양이 '솥을 받쳐놓은 듯한' 형상을 하고 있다 하여 이런 이름이 붙여졌다. 장영실 등이 만든 앙부일구는 단순히 해시계를 발명했다는 측면 외에 더 중요한 과학적 의의가 있다. 다른 나라의 해시계가 단순히 시간만을 알 수 있게 해준 데 반해 앙부일구는 바늘의 그림자 끝만 따라가면 시간과 절기를 동시에 알게 해주는 다기능 시계였다.

물시계: 물시계로는 자격루와 옥루가 있다. 자동으로 시간을 알리게 하는 자동시보장치가 달린 이 물시계는 일종의 자명종이다. 1434년 세종의 명을 받아 장영실, 이천, 김조 등이 고안한 자격루는 시, 경, 점에 따라서 자동적으로 종, 북, 징을 쳐서 시간을 알리도록 되어 있었다. 그리고 1437년에는 장영실이 천상시계인 옥루를 독자적으로 발명해 경복궁 천추전 서쪽에 흠경각을 지어 설치했다. 옥루는 중국 송, 원 시대의 모든 자동시계와 중국에 전해진 아라비아 물시계에

관한 문헌들을 철저히 연구한 끝에 고안한 독창적인 것으로서 당시의 중국이나 아라비아의 것보다도 뛰어났다는 평가를 얻고 있다.

측우기: 측우기는 1441년에 발명되어 조선시대의 관상감과 각 도의 감영 등에서 강우량 측정에 쓰인 관측 장비다. 이는 갈릴레오의 온도계 발명이나, 토리첼리의 수은기압계 발명보다 200년이나 앞선 세계 최초의 기상관측장비였다. 측우기의 발명으로 조선은 새로운 강우량 측정제도를 마련할 수 있었고, 이를 농업에 응용하게 되어 괄목할 만한 발전을 이루었다. 또한 측우기의 발명으로 정확한 강우량을 파악할 수 있게 되어 홍수 예방에도 도움이 되었다.

4. 음악의 발전

세종은 음악을 바로세우는 일을 무척 중요시했다. 그 이유는 정악, 즉 올바른 음악은 임금과 신하와 백성 간의 조화와 질서, 화합의 상징이라고 여겼기 때문이다. 그러나 고려 말기와 조선 개국의 혼란스러운 상황을 거치면서 음악은 어지러워지고 악기 또한 제대로 갖추어져 있지 못했다. 이에 세종은 아악과 향악을 정비하고 각종 악기를 제작하는 계획을 세우게 된다. 세종은 즉위하자마자 각종 궁중의식과 행사에 사용하는 음악을 정비하는 일을 박연에게 맡겼다.

세종의 명(命)을 받은 박연은 기존의 악기를 조율하고, 악보를 편찬하는 것은 물론 새로운 아악기를 제작하는 일에도 열성을 쏟았다. 그는 10여 년 동안 밤낮으로 소리와 씨름한 끝에 마침내 독창적인 악기인 편경을 만들었다. 이 편경의 제작은 조선의 아악을 한 차원 발전시키는 계기가 되었다. 왜냐하면 박연이 만든 편경은 습기나 건조 혹은 추위와 더위에도 음색과 음정이 변하지 않아 다른 악기를 조율하는 표준으로 사용되었기 때문이다. 세종은 중국의 경은 서로 어울리지 못하는데, 박연이 만든 편경은 음이 맑고 아름다우며 음률이 정확하게 맞는다며 극찬을 아끼지 않았다. 10여 년간 노력을 다한 박연 덕분에 조선의 궁중음악(아악)은 획기적인 발전을 가져올 수 있었다.

그러나 세종은 여기에 만족하지 않았다. 세종의 시각에서 볼 때, 아무리 독창적으로 발전시켰다고 해도 아악은 본래 중국의 음악이었다. 이 때문에 세종은 아악 못지않게 향악(우리나라 고유의 음악) 또한 발전시켜야 한다는 생각을 갖고 있었다. 이러한 신념으로 세종은 백성들 사이에 전해지는 음악을 발굴하고 정리하여 향악을 집대성하게 되었다.

5. 김종서의 6진 개척과 이종무의 쓰시마 정벌

두만강 유역의 여진족들을 몰아낸 김종서의 6진 개척으로 오늘날 우리나라와 비슷한 영토를 확보할 수 있었다. 그리고 최윤덕, 이천은 압록강 유역의 여진족을 몰아내고 4군을 설치했다. 세종은 이 지역을 영원히 우리의 영토로 만들기 위해 남쪽 지방의 백성들을 북방으로 이주시키는 사민정책을 실시했다. 이 와중에 백성들이 고통 받을 것을 염려한 세종은 이주민들에게 토지를 나눠주고, 세금을 감면하는 등 혜택을 베풀었다. 이러한 세종의 꾸준한 북방개척 정책으로 인하여 오랜 세월 여진족과 끊임없는 분쟁을 벌였던 압록강에서 두만강에 이르는 북방지역이 우리의 고유한 영토로 편입될 수 있었다.